# 数智化供应链

## 赋能企业高质量发展

李伟 陈超 —— 著

中国铁道出版社有限公司

CHINA RAILWAY PUBLISHING HOUSE CO., LTD.

北 京

**图书在版编目（CIP）数据**

数智化供应链：赋能企业高质量发展 / 李伟，陈超
著. -- 北京：中国铁道出版社有限公司，2025.5.
ISBN 978-7-113-31883-3

Ⅰ. F279.23-39

中国国家版本馆 CIP 数据核字第 2025HV4242 号

书　　名：**数智化供应链——赋能企业高质量发展**
　　　　　SHUZHIHUA GONGYINGLIAN：FUNENG QIYE GAOZHILIANG FAZHAN

作　　者：李　伟　陈　超

责任编辑：马慧君　　　　　　　　编辑部电话：（010）51873005
封面设计：郭瑾萱
责任校对：苗　丹
责任印制：赵星辰

出版发行：中国铁道出版社有限公司（100054，北京市西城区右安门西街 8 号）
网　　址：https://www.tdpress.com
印　　刷：天津嘉恒印务有限公司
版　　次：2025 年 5 月第 1 版　2025 年 5 月第 1 次印刷
开　　本：710 mm×1 000 mm　1/16　印张：14.5　字数：164 千
书　　号：ISBN 978-7-113-31883-3
定　　价：68.00 元

# 前　言

在全球化的时代背景下,企业之间的竞争进一步扩展至其背后的供应链网络。因此,构建智能化、高效化的供应链已成为企业在激烈的市场竞争中取得优势的关键。

相较于传统供应链,数智化供应链展现出显著的优势。具体而言,数智化供应链不仅大幅提升了供应链运作效率和数据处理准确性,更在可靠性和稳定性方面实现了质的飞跃。这些优势共同构成了数智化供应链的核心竞争力,使其在现代商业环境中脱颖而出。

在智能化方面,数智化供应链凭借其卓越的技术能力,助力企业实现智能建模与决策,并能将决策结果精准反馈至各业务系统。相较于传统人工决策,数智化供应链能够提供更精准、更高效且一致的智能化决策支持。此外,数智化供应链决策引擎还具备强大的学习能力,能够在机器学习的帮助下持续优化,从而不断提升决策的准确性和效能。

基于以上优势,数智化供应链为企业带来了众多机遇,能够助力企业提升运营效率、市场竞争力和可持续发展能力。本书为读者提供了一个全新的视角,通过深入挖掘数智化供应链的核心要素,探讨建设数智化供应链的重要性及企业如何借助数智化供应链实现高质量发展。

本书不仅阐述了数智化变革的必然趋势、发展现状等,还系统讲解

　　了企业建设数智化供应链的方法，即从供应链计划、供应链订单、供应链采购、供应链质量、供应链生产、供应链物流等环节入手，全面探索供应链的数智化变革。此外，企业也需要打造统一的平台连接数智化供应链的各个环节，实现供应链的数智化运转。

　　除了讲述理论与方法外，书中还详细分析了数智化供应链方面的一些实践案例，揭示了这些企业如何运用数智化技术实现供应链优化，以及数智化供应链如何赋能企业高质量发展。这不仅使得本书内容更加丰富，还能够为更多企业进行供应链数智化转型提供有效的指导。

　　本书旨在帮助企业全面认识数智化供应链的价值，掌握供应链数智化转型的关键，从而在激烈的市场竞争中脱颖而出，实现高质量发展。

作　者

2025 年 1 月

# 目　录

第 3 章

**数智化供应链战略规划** ┊ 43

## 第 6 章

## 供应链订单全流程智能化管理 ┊ 101

第12章

**数据治理赋能供应链平台建设** ┊ 203

# 01

## 第 1 章
## 数智化变革的必然性

随着科技的快速发展和全球化的不断深入,客户需求变得更加多样化和个性化,企业之间的竞争更加激烈。企业需要通过数智化变革快速响应市场变化,以提高生产效率和产品质量,进而降低成本,提高整体竞争力。

# 1.1 迅猛发展的数字经济

近年来,全球数字经济发展迅速,已经成为推动世界经济增长的重要引擎。特别是在我国,数字经济已经成为经济发展的重要支撑。根据《中国数字经济发展研究报告(2024 年)》,2023 年我国数字经济规模达 53.9 万亿元,同比名义增长 7.39%,占国内生产总值比重提升至 42.8%。这一增长势头显示出数字经济在我国经济中的重要地位和巨大的发展潜力。

## 1.1.1 思考:什么是数字经济

数字经济打破了时空限制,让资源得以更高效地配置和流动。此外,数字经济推动产业升级,催生新兴业态,为经济增长注入强大动力。那么,什么是数字经济?

数字经济是一个宽泛的概念,涵盖了所有基于数字技术的经济活动。这包括但不限于电子商务、在线服务、数字媒体、软件开发、人工智能等领域。从技术层面和应用层面来看,数字经济的构成如图 1.1 所示。

**1. 技术层面**

数字经济以一系列新兴技术为重要支撑,包括但不限于大数据、云计算、物联网和 5G 通信等。这些技术为数字经济的发展提供了强大的基础设施和工具。

```
                                    ┌─ 大数据
                                    │
                                    ├─ 云计算
                                    │
                                    ├─ 物联网
                          技术层面 ──┤
                                    ├─ 区块链
                                    │
                                    ├─ 人工智能
           数字经济 ──┤              │
                                    └─ 5G通信

                                    ┌─ 新零售
                          应用层面 ──┤
                                    └─ 新制造
```

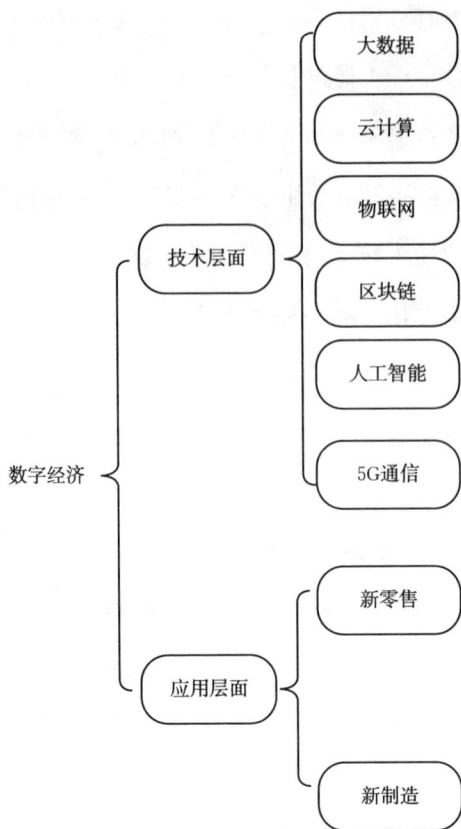

图 1.1　数字经济的构成

## 2. 应用层面

数字经济已经深入各个行业和领域,催生了众多新业态和新模式。例如,"新零售"和"新制造"就是数字经济和零售业、制造业结合的产物。

需要注意的是,数字经济不等于虚拟经济,其本质在于信息化。数字经济是实体经济与数字技术深度融合的产物,它以实体经济为基础,通过应用数字技术,为实体经济注入新的活力。数字经济具有以下几个特点:

(1)数据驱动。在数字经济时代,数据是一种关键的生产要素,被用来指导决策、优化运营和创造新的价值。

(2)技术创新。数字经济的发展依赖于技术创新,尤其是信息技术的进

步,如互联网、移动通信、云计算、大数据分析、人工智能等。

(3)连接性。数字经济通过互联网将全球范围内的人们、企业和设备连接起来,实现信息的快速流通和资源的共享。

(4)平台经济。数字经济催生了许多在线平台,这些平台为用户提供了交易、交流和服务的场所,推动了新业态的出现。

(5)定制化和个性化。数字经济允许企业根据客户的具体需求和偏好提供定制化的产品和服务,以满足市场的多样化需求。

(6)可持续发展。数字经济能够提高资源利用效率、降低能耗,有助于实现经济的绿色发展和可持续发展。

数字经济对传统经济模式产生了深刻的影响,改变了生产方式、消费模式和商业运作方式,为经济发展带来了新的机遇。数字经济是一个不断发展的概念,它的内涵将随着技术的进步和市场的变化而不断演变和拓展。

## 1.1.2 拥抱数字经济是必然选择

在当今时代背景下,拥抱数字经济已成为必然选择。数字经济的兴起不仅改变了商业模式和消费习惯,也深刻影响着社会的方方面面。

(1)市场需求和消费习惯的变化。随着互联网和移动技术的发展,客户的购物习惯和行为发生了巨大变化。在线购物、移动支付及数字化服务和产品已经成为满足客户需求的主流方式。如果企业不拥抱数字经济,将难以满足市场需求。

(2)提升生产效率和降低成本。数字技术可以帮助企业提升生产效率,优化供应链管理,降低成本。通过数字化转型,企业可以实现生产流程自动化、数据驱动决策,提高生产效率和质量,降低运营成本,增强竞争力。

（3）开拓全球市场和拓展业务。数字经济打破了地域限制，使企业可以更轻松地拓展全球市场。通过互联网和数字平台，企业可以实现跨境销售、在线营销，吸引更多国际客户，拓展业务范围，实现全球化发展。

（4）创新和竞争优势。在数字经济的推动下，众多新兴产业和商业模式应运而生，为创新和创业提供了广阔的空间。借助数字技术，企业能够迅速推出符合市场需求的新产品和服务，从而在激烈的市场竞争中保持优势地位。此外，数字化也为企业注入了源源不断的创新动力，进而助推其核心竞争力持续提升。

（5）数据驱动决策和个性化服务。数字经济时代，数据的价值日益凸显。企业可以通过数据分析来了解客户需求、市场趋势，制定更精准的营销策略，为客户提供个性化服务。基于数据分析的决策有助于企业精准把握市场机遇，实现运营效率与盈利能力的双重提升。

（6）可持续发展和承担社会责任。借助数字技术，企业能够更高效地利用资源，显著降低碳排放量，积极承担社会责任，实现可持续发展。

微软作为一家长期占据科技行业领导地位的公司，曾一度面临挑战。面对这一局面，微软积极实施数字化转型策略。

微软看到了云计算的巨大潜力，于是将其作为主要战略方向之一。通过推出 Azure 云计算服务，微软成功吸引了大量企业和开发者使用其平台。云计算业务的快速增长为微软带来了巨大的收益，其市场地位也得以提升。微软还在人工智能领域进行了大量投入和创新，通过开发人工智能工具和平台，如 Cortana 虚拟助手、AI 开发工具包等，微软进一步巩固了其在人工智能领域的领导地位。

微软的数字化转型案例展示了企业在面对市场变化和挑战时如何成功转型，对其他企业具有重要的借鉴意义和指导作用。

总之,拥抱数字经济是企业发展的必由之路。只有积极地拥抱数字经济,企业才能抓住时代机遇,实现更高效、更智能、更可持续的发展。

### 1.1.3 数字经济:数字产业化＋产业数字化

数字产业化和产业数字化是数字经济的两个重要发展方向,它们有所区别,又存在紧密的联系。

数字产业化侧重于利用数字技术对传统产业进行改造和升级,通过引入信息化技术和数字化工具,使传统的生产过程、业务模式、管理方式等数字化,从而实现数字化管理和自动化操作。数字产业化聚焦于企业个体的数字化转型,通过深入应用数字技术,提升企业的市场竞争力和生产效率,实现成本的有效控制和产品质量的显著提升,从而更加灵活地应对市场需求的不断演变。

产业数字化则是将整个产业链的所有环节数字化,实现整个产业链的数字化转型。产业数字化致力于强化企业间的协同合作,借助数字化转型的力量,推动整个产业链的协同进步,进而提升产业的整体效能与品质。

尽管数字产业化和产业数字化之间存在差异,但二者也存在紧密的联系。数字产业化是产业数字化的基础和前提,只有将传统产业与数字技术相结合,才能实现产业的数字化改造。而产业数字化则是数字产业化的延伸和拓展,通过数字技术对传统产业进行全面的改造,使其更加适应市场需求和发展趋势。

总体来说,数字产业化和产业数字化是相互促进、相互依存的关系。数字产业化推动了传统产业的数字化转型,为产业数字化提供了基础和支持;而产业数字化则促进了数字技术的更广泛应用和创新,推动了数字产业的快速发展。这种相互作用使得数字经济快速发展,成为推动经济发展的重要引擎。

## 1.2　数智化浪潮兴起

数智化浪潮兴起,标志着数字技术已经深入各行各业的核心业务领域,推动了产业升级和转型。在数字化时代,数据成为企业最重要的资产之一,而数智化则是将数据转化为有价值的信息和知识,为企业决策和运营提供智能化支撑。

### 1.2.1　从数字化到数智化,为产业变革奠基

随着科技的飞速发展,数字化已经成为当今世界的重要特征。然而,数字化仅仅是一个起点,真正的产业变革还需要数智化的引领。数智化,即数字化与智能化的结合,为产业变革提供了强大的动力。

数字化将模拟信号转化为数字信号,以便计算机和其他数字设备能够对其进行处理和存储。在此过程中,信息以二进制代码的形式呈现,能够被计算机精准识别和处理。

在数字化的基础上,数智化进一步推动了产业变革,它将数字技术与智能技术相结合,实现了信息的智能处理和决策。此外,数智化使得机器能够像人类一样学习、推理和决策,大大提高了信息处理效率和准确性。

首先,数智化为产业变革提供了强大的动力。经过深入研究与实践验证,数智化确实能够显著提升企业的生产效率和管理水平。借助智能化的生产设备和管理系统,企业能够实现生产流程自动化和智能化,大幅减少人工干预,从而有效提高生产效率和质量。

其次,数智化能够精准满足客户需求。运用先进的大数据分析技术和人工智能技术,企业能够更全面地掌握客户的需求与行为模式,从而为客户

提供更加精确和个性化的产品和服务。

最后,数智化能够促进新兴业态的发展。数智化为新兴业态提供了广阔的发展空间和机遇,如电子商务、移动支付、在线教育等。

如今,数智化已经在很多领域广泛落地。在医疗领域,数智化可以帮助医生更准确地诊断疾病和制定治疗方案;在交通领域,数智化可以帮助交通管理部门更有效地指挥交通,减少拥堵;在金融领域,数智化可以帮助银行更准确地评估风险和提供个性化的金融服务。这些应用案例充分证明了数智化对产业变革的重要意义。

数智化为企业提供了新的商业模式和服务模式,为客户提供了更好的产品和服务体验。此外,数智化还有助于推动社会可持续发展,例如,智能交通系统能够减少能源消耗和环境污染。

数字化向数智化转变是大势所趋,这一转变为产业变革提供了强大的动力,推动了传统产业转型升级和新兴业态的发展。

## 1.2.2 数智化发展带来弯道超车的机会

数智化为各行各业带来了前所未有的变革,不仅改变了人们的生活方式,也为企业提供了弯道超车的机会。通过应用数智化技术,企业可以实现跨越式发展,迅速提升自身的竞争力和影响力。

例如,在制造业,数智化技术可以帮助企业实现智能制造,提高生产效率和产品质量。通过应用物联网、大数据、人工智能等技术,企业可以实现设备互联互通、生产过程实时监控和优化调整,从而实现生产过程智能化和自动化。这不仅提高了生产效率,还降低了成本,使得企业能够在市场上获得更大的竞争优势。

在服务业,数智化技术可以帮助企业实现服务模式创新和升级。通过应用大数据和人工智能技术，企业可以精准洞察和预测客户需求，提供个性化的服务方案。同时，通过智能化的服务流程和自动化的服务工具，企业可以提高服务效率和质量，从而提升客户满意度。

数智化为企业带来了商业模式创新的机会。通过运用数智化技术，企业能够突破传统商业模式的限制，发掘并塑造全新的商业模式与经营形态。例如，共享经济模式有助于企业实现资源共享，进一步优化资源配置，在市场中获得竞争优势。

某传统制造企业市场份额逐渐下滑，传统商业模式已经无法满足快速变化的市场需求。为了实现弯道超车，该企业决定引入数智化技术，以重塑业务模式，提升生产效率和产品质量。企业收集了生产过程中的大量数据，包括设备运行、生产线效率、原材料消耗等方面的数据。通过数据分析，企业发现了生产瓶颈和潜在的优化空间，在此基础上，采取了一系列优化措施：一方面，通过引入智能制造技术，实现了设备的联网和数据共享，实时监控生产过程；另一方面，利用人工智能算法优化生产计划，提高了生产效率和资源利用率。同时，借助物联网技术，实现了产品质量实时监控和反馈，并通过数据分析和机器学习算法预测产品质量问题，及时调整生产过程，降低了次品率。

数智化技术还能够帮助企业优化供应链管理，提高供应链透明度和响应速度。通过数智化技术的赋能，该企业对自身的供应链管理进行了深度优化，显著提高了供应链的透明度和响应速度。

借助先进的数据分析技术，该企业实现了对原材料库存的精确控制，有效降低了库存成本并减少了生产延误。此外，通过引入智能客服系统和数据驱动的客户关系管理系统，该企业能够提供更加个性化、精准的服务，更好地满足客户需求，进而提升客户的满意度。

这些改进不仅使得该企业的供应链管理更加高效,优化了原材料库存,减少了库存积压和物流成本,同时也帮助该企业通过个性化服务和精准营销提升了客户体验和客户的忠诚度。

借助数智化手段实现弯道超车,这家传统制造企业成功转型,提升了竞争力,实现了业务的持续增长和发展。这个案例充分展示了数智化技术在企业转型升级中的重要作用,为其他企业的数智化转型提供了有益的借鉴和启示。

然而,要抓住数智化带来的弯道超车机会,企业必须拥有一些核心能力。首先,企业必须拥有强大的技术研发实力,持续推动技术创新及其在实际业务中的应用;其次,企业需要具备数据驱动的思维和能力,善于利用数据进行分析和决策;最后,企业需要具备开放合作的意识和能力,与合作伙伴共同推动数智化发展。

# 1.3 数智化引领供应链迈入新阶段

随着科技进步和市场环境日益复杂化,数智化供应链成为供应链发展的重要趋势。在数字化和智能化的双重驱动下,传统的线性供应链正在向数智化供应链转变。数智化供应链以其独特的优势,引领着供应链迈入新的发展阶段。

## 1.3.1 供应链发展的四个阶段

根据国际权威咨询机构 Gartner 的见解,未来的供应链将不仅在整合和协作的基础上发展,更会通过构建动态的生态伙伴关系,来实现创新的价值创造。价值创造是供应链发展的最终方向,在此基础上,Gartner 提出了供应链成熟度模型,见表 1.1。

**表 1.1　Gartner 提出的供应链成熟度模型**

| 模　型 | 特　点 |
| --- | --- |
| 反应(react) | 供应链常处于被动,目标是用数据量化关键指标,如交货准时率、库存周转天数和生产计划完成率;依赖 Excel,分析能力有限 |
| 预测(anticipate) | 目标是衡量绩效,基于企业资源计划(enterprise resource planning, ERP)和其他系统中的数据作决策;各个部门各自为政,信息共享有限;尽管使用了 Excel 等工具试图打破信息孤岛,但未实现协同合作 |
| 整合(integrate) | 供应链决策优化,专注于数据协调和分析,确保跨部门数据一致;应用程序强调流程透明度和绩效衡量;预测供应链状况并提出行动策略,出现协同现象 |
| 合作(collaborate) | 目标是提升供应链伙伴的绩效,数据来自内外部贸易伙伴,可用于分析整个供应网络;使用创新技术进行外部监控和供应链绩效评估,涉及多企业协作,数据实时更新并共享,实现全面的绩效考核;供应链协作已初具规模,伙伴间达成共识、共享数据 |
| 协奏曲(orchestrate) | 供应链协同已达到巅峰,物料流动与下游消费同步,上下游企业高度协调;目标是提升整个商业网络中贸易伙伴的效率,满足客户需求,保持利润率;数据来源多样化,用于提高透明度、性能和创造价值;数字技术驱动自动决策,管理贸易伙伴之间的复杂关系;支持商业模式创新和需求塑造 |

随着技术的飞速进步,数字化的深入渗透以及人工智能的革新,业界普遍认为供应链已进入一个全新的阶段。以下是供应链发展的四个阶段:

**1. 初始阶段**

在这个阶段,供应链管理通常是非正式和分散的,没有统一的供应链战略或组织架构。企业可能主要关注基本的操作,如物流和仓储,而没有考虑到整个供应链的整合。

**2. 整合阶段**

企业开始认识到整合内部流程和跨部门合作的重要性。在这个阶段,供应链管理开始集中化,企业可能会部署 ERP 系统来整合不同的业务流程,以提高效率。

### 3. 协同阶段

供应链管理的重点转向跨企业合作,包括与供应商和客户的紧密协作。企业开始共享信息,协调计划和预测市场,以提高供应链的响应速度和灵活性。在这个阶段,供应链伙伴之间的信任和透明度至关重要。

### 4. 转型阶段

在这个阶段,企业采用先进的技术和工具进行供应链管理,如大数据分析、人工智能、物联网、区块链等,以实现供应链的智能化和自动化。供应链变得更加敏捷,能够实时响应市场变化,并优化整个网络的性能。

## 1.3.2 数智化供应链摆脱供应链发展困境

在全球化和数字化的背景下,供应链管理面临着前所未有的挑战。传统的供应链管理模式存在信息不透明、响应速度慢、协同效率低下等问题,不仅限制了供应链的发展,还导致企业运营成本增加。随着数智化技术的不断发展,数智化供应链成为摆脱供应链发展困境的有效途径。

在传统的供应链管理中,信息不透明是一个普遍存在的问题。各个环节之间的信息传递缓慢,导致企业难以实时掌握供应链的运作状况。而数智化供应链通过集成大数据、物联网等技术,实现了及时采集和分析供应链各环节数据,提高了供应链的透明度和可视化水平。基于此,企业可以更准确地掌握原材料采购成本、生产进度、库存状况和产品销售动态,以及时发现潜在问题,如供应中断或需求激增,快速调整,确保供应链的稳定运行。

由于信息不透明和协同效率低下,传统供应链的响应速度往往较慢。当市场需求变化或者出现问题时,企业难以及时调整。而数智化供应链通过应用人工智能技术,实现了智能化决策,例如,智能系统可以自动分析市场数据、预测需求变化,并自动调整供应计划。数智化供应链通过灵活的生产计划和库存管理,以及实时的市场信息反馈,使企业能够更快地响应市场需求的变化,提高供应链的灵活性和适应性。

在协同作业方面,传统供应链中各环节之间缺乏协同,导致资源浪费和效率低下。而数智化供应链通过信息共享和协同作业,实现了供应链各环节的无缝衔接。企业可以通过数字平台与供应商、分销商、物流服务商等合作伙伴实现信息共享和协同作业。通过优化资源利用和减少浪费,企业可以降低对环境的影响。同时,数智化技术还可以帮助企业更好地管理供应链中的社会责任问题,如劳工权益和供应链合规性,从而提高供应链的整体可持续性。这种协同的供应链管理模式大幅提升了整体的运作效率,降低了企业的运营成本。

数智化技术不仅提供了实时的数据洞察和智能化的决策支持,还使供应链更加灵活和可适应。企业可以更快地识别市场趋势,调整生产策略,优化库存管理,甚至重新配置供应链网络。这种灵活性使得企业能够更好地应对突发事件,如自然灾害、供应链中断等,从而减少潜在的运营风险。

小米作为一家知名的科技公司,率先布局数智化供应链。通过数据分析和人工智能技术,小米实现对供应链的实时监控和智能化决策,能够更好地应对市场需求变化,优化库存管理,提高供应链效率。

小米还引入了智能仓储和物流管理系统,实现了仓储管理和物流管理的自动化和智能化。通过运用自动化设备和物流机器人,小米提高了仓储效率,缩短了订单处理时间,减少了人力成本。小米与供应商建立了紧密的合作关系,共同打造数字化供应链生态系统。

通过这些数字化供应链管理实践,小米成功优化了供应链运作,提高了供应链效率和灵活性,降低了成本,增强了市场竞争力。

数智化供应链为企业摆脱供应链发展困境提供了新的解决方案。通过提高供应链透明度、灵活性、可持续性,降低成本及克服发展中的挑战,企业可以构建更加稳健、高效和可持续的供应链体系,从而在激烈的市场竞争中保持领先地位。

### 1.3.3 京东:打造数智化供应链行业标杆

京东作为我国领先的电商平台,一直致力于通过技术创新来提升供应链管理的效率和效果。通过建设数智化供应链,京东不仅提高了自身的运营效率,也为整个行业树立了标杆。

京东的智慧供应链是一套将技术创新与供应链创新相结合的解决方案,围绕数据挖掘、人工智能、流程再造和技术驱动四个维度,覆盖五大层面:

(1)商品层面。京东智慧供应链利用先进的 AI 算法构建智能选品决策系统。该系统能够从产品生命周期的各个阶段、时尚潮流走向及市场竞争力等多个层面,全面评估商品的特性和潜在价值。

(2)价格层面。京东智慧供应链运用先进的自动化技术实现动态商品定价,以优化商品挑选和价格策略,确保库存的高效管理与平衡。

(3)计划层面。京东智慧供应链具有商业预测能力,能够制订与市场需求匹配的零售计划,确保产品顺畅销售。例如,借助大数据和算法进行销量预测,京东能够将销量预估精细化至每个商品单元,快速响应市场变化和客户需求。这有助于管理人员制订商品销售策略和备货计划。

(4)库存层面。京东智慧供应链借助精密的规划来驱动自动化库存管理策略,有效解决商品存储位置优化的问题;运用先进的预测技术,准确预估商品的需求地点,进而在全国范围内的多个仓储中心之间实施高效内部调配。这样,商品能被预先运输到距离客户更近的仓库,确保库存的快速周转和充足的现货供应,满足客户对快速配送的期望和需求,从而提升整体的购物体验。

(5)协同层面。京东打造了供应商协同平台,将技术能力开放给合作伙伴,促进数据流动,让数据产生更大价值。在这个平台上,供应商、京东与消费者实现了高效协同。供应商可以通过平台实时了解市场需求动态,精准安排生产计划,确保产品供应与市场需求高度匹配。京东则凭借强大的数据分析和物流网络,优化库存管理和配送流程。而客户则能享受到更快速的配送服务和更丰富的商品选择。

通过以上五个层面的协同作用,京东能够提供高品质产品,降低库存成本,以合适的价格给客户提供完美的购物体验。同时,京东还借助智慧协同平台与合作伙伴共同构建供应链能力,实现多方共赢。此外,京东还利用电子数据交换(electronic data interchange,EDI)、射频识别(radio frequency identification,RFID)、条码等技术,推动订单、物流、库存、应用可视化,实现供应链全程可视化管理,提高了仓储环节的敏捷性和精确度。

京东的智慧供应链展现出显著的优势,包括赋予卖家先进的预测能力,运用多元化的预测模型以满足全品类及个性化的市场预期;提高补货的精确性和现货率,以此提高商家的工作效率,同时减少库存周转和库存成本;借助人工智能与运筹优化技术,不断优化库存管理,以提高人力资源效率并优化成本结构。

在实际操作层面,京东物流已在全国范围内建立了多层次的仓储网络,形成了"一主多辅"的战略布局,并在多个城市群成功推行了"半日达"的快速配送服务。同时,京东积极推进"千县万镇 24 小时达"项目,以实现更广泛地区服务时效的提升。

例如，2023 年 11 月 30 日，京东物流与神威药业达成了深度战略合作，双方计划在物流科技全面数字化和智能化转型及物流供应链体系建设两个核心领域展开紧密合作。

京东物流将依据神威药业当前的物流运营状况及未来业务扩张的愿景，为其量身定制先进的物流科技硬件和软件产品、创新的智能仓储一体化解决方案及尖端的数智化转型策略，以期推动神威药业运营全链条的高效智能化升级。

作为京东赋能企业客户的重要窗口，京东企业业务基于对制造业行业特点和企业客户实际经营需求的洞察，发挥其供应链、技术、大数据及全场景服务等核心能力，打造了一站式、定制化、智能化的数字化采购解决方案。借助多元化的数字化管理工具和手段，京东企业业务将采购服务向上下游两端不断延伸，推动供应链各个环节的数字化贯通。

# 02

## 第 2 章

## 数智化时代已经到来

数智化时代已经到来,推动着企业运营模式变革。在这个时代,企业通过利用大数据、人工智能、物联网等先进技术,实现供应链的智能化、自动化和精细化管理。数智化供应链不仅提高了企业的运营效率,降低了成本,还提升了市场响应速度和客户满意度。

# 2.1 技术赋能,数智化供应链兴起

人工智能、物联网、大数据、区块链等先进技术对供应链产生深远影响,推动其走向数智化、智能化、自动化。这种趋势正在逐步改变供应链的运作方式,使其变得更加高效、透明和可持续,为企业的长远发展奠定坚实基础。

## 2.1.1 人工智能:智能算法赋予供应链智能能力

供应链管理在企业运营中占据举足轻重的地位,不仅直接关系到企业的成本控制、运营效率,更深刻影响着客户满意度和市场竞争力。

在传统的供应链管理模式下,企业决策(如预测市场需求、制订生产计划以及安排物流配送等)往往依赖人工经验和主观判断。然而,这种方法存在明显的局限性:一方面,人工经验可能受到主观认知的影响,导致决策结果偏离客观实际;另一方面,人工难以处理大规模、复杂的数据,难以充分挖掘和利用数据的价值。

相比之下,人工智能可以通过分析海量的数据来提供更准确、更客观的决策支持。人工智能可以处理和分析各种类型的数据,包括销售数据、市场趋势、天气信息、交通状况等,从而预测市场需求、优化生产计划和物流配送。基于数据的决策可以显著提高供应链的效率和准确性。

在供应链管理中,人工智能的应用显著提高预测的准确性和规划的优化效果。通过运用机器学习算法,人工智能能够综合考量历史销售数据、市场趋势、季节性因素以及促销活动等各类信息,从而精准预测未来的产品需求。这种预测有助于企业合理规划生产量,避免库存积压或缺货。此外,人工智能可以分析市场供需关系、竞争对手行为、原辅料成本等因素,预测产品价格的变化趋势。企业可以根据预测结果制定相应的定价策略,以实现利润最大化。

在实时监控与反馈方面,人工智能也发挥着至关重要的作用,能够显著提升供应链的透明度和响应速度。人工智能具备实时监控库存情况的能力,能够利用数据分析预测未来的库存需求,使得企业得以迅速响应市场变化,及时补货,从而降低缺货和库存过剩的风险。同时,人工智能可以实时跟踪货物的运输状态,通过全球定位系统(Global Positioning System,GPS)和传感器技术,确保货物按时送达。通过分析交通数据,人工智能还可以优化运输路线,避开拥堵区域,减少运输时间和成本。

人工智能对于实现供应链自动化和智能化有着重要意义。通过使用自动化仓储系统,如自动化存储和检索系统、无人搬运车和无人机,人工智能可以实现仓库操作自动化,减少人为错误,提高作业效率。同时,人工智能可以促进供应链各方之间的信息共享,通过智能合同和区块链技术,实现供应链的透明化和去中心化。

人工智能在供应链管理方面具有广阔的应用前景和巨大的应用潜力。面对激烈的市场竞争和不断变化的客户需求,企业应积极探索创新应用人工智能技术提升供应链管理水平的路径和方法。通过不断的技术创新和管理优化,企业可以实现更高效的资源配置,从而在激烈的市场竞争中占据优势地位。

### 2.1.2　物联网:实现各环节互联与协作

物联网技术为实现供应链各环节互联与协作提供了强大的支持和有效的解决方案。物联网通过连接各种设备和传感器,实现数据的实时采集、传输和处理,助力企业全面了解并精准控制供应链各环节的状态。在供应链管理中,物联网技术的应用主要体现在以下几个方面:

**1. 实时追踪与监控**

物流是供应链中不可或缺的一环。尽管传统的物流系统能够提供货物位置与状态报告,然而在实际操作中,对于货物预计送达时间的预测却往往存在误差。

运用先进的物联网技术,企业可以实时掌握货物的精确位置、当前状态以及运输途中的环境条件等关键信息。通过为货物安装相应的物联网设备,企业可以实现对货物的实时监控与追溯,从而确保货物的安全与可靠性。

**2. 自动化管理**

物联网技术可以与自动化设备相结合,实现供应链的自动化管理。例如,企业可以通过自动化仓库系统实现货物的自动存储、分拣;通过智能物流系统实现货物的自动调度和配送等。这些自动化管理系统可以大幅提高企业供应链的运行效率和准确性。

**3. 信息共享与协同**

物联网技术可以实现供应链各环节之间的信息共享与协同。物联网能够将各个环节的数据整合到一个平台上,实现信息的实时共享与交互,帮助各个环节更好地协作和配合。同时,企业通过物联网技术还可以实现供应链各环节之间的实时沟通与协作,提高供应链的响应速度和灵活性。

**4. 优化决策**

通过实时数据采集与分析,物联网技术为供应链管理提供有力支持,助力企业实现决策的科学化与精准化。企业通过对数据的挖掘和分析，可以发现供应链存在的问题和瓶颈，为优化供应链提供有力的支持。

例如，联合利华充分利用物联网技术，通过在仓库中安装传感器，如温度传感器、湿度传感器、重量传感器等，实时监测库存物品的状态和变化。这些传感器能够准确感知库存物品的温度、湿度、重量等关键指标，并通过无线传输技术将数据实时传输到中央管理系统。在系统中，这些数据会经过处理和分析，生成可视化的报告和图表，方便联合利华快速了解库存情况。

借助物联网技术，联合利华实现了对库存的实时监控和管理，可以随时查看库存物品的数量、状态、位置等信息，及时发现和解决库存问题，确保库存的稳定性和安全性。

综上所述，物联网技术的应用为实现供应链各环节的互联和协作提供了有力的支持和解决方案。借助物联网技术，企业可以实现供应链的实时追踪与监控、自动化管理、信息共享与协同以及优化决策等目标，从而提高供应链的效率和可靠性，降低成本并提升竞争力。

### 2.1.3　大数据：数据挖掘与分析展现数据价值

数智化供应链利用大数据技术进行数据挖掘与分析，从而实现对海量数据的有效处理和价值转化，为企业带来了显著的竞争优势。图 2.1 是企业建设数智化供应链的过程中，利用大数据挖掘数据价值的具体步骤。

(1)数据收集与整合。企业需要收集各个环节产生的数据，包括供应商信息、库存状态、销售数据等。这些数据来源广泛，形式多样，需要进行有效的整合和标准化处理。

(2)数据清洗与预处理。在进行数据整合后，企业需要进行数据清洗与

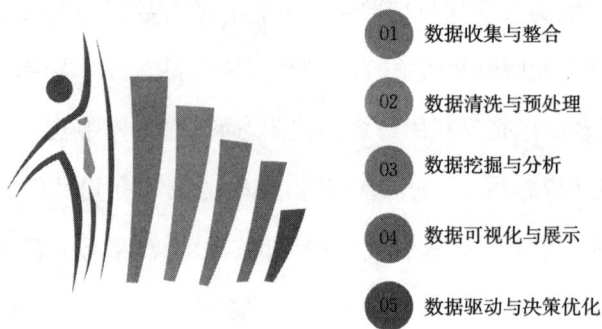

01 数据收集与整合

02 数据清洗与预处理

03 数据挖掘与分析

04 数据可视化与展示

05 数据驱动与决策优化

图2.1 企业利用大数据挖掘数据价值的步骤

预处理工作,以消除数据中的错误和异常值,确保数据的质量和准确性。同时,通过数据预处理,企业可以将不同格式的数据转换为统一的格式,便于后续的数据挖掘与分析。

(3)数据挖掘与分析。企业需要利用先进的数据挖掘和分析技术,如机器学习、深度学习等,对整合后的数据进行深入挖掘和分析。这些技术可以帮助企业发现数据中隐藏的规律和趋势,预测未来的市场需求和供应链变化。

(4)数据可视化与展示。为了更直观地展示数据价值,企业需要采用数据可视化技术,将分析结果以图形化的形式展示出来。这样,企业可以更加清晰地了解供应链的运行状态和存在的问题,从而作出更加精准、明智的决策。

(5)数据驱动与决策优化。通过大数据挖掘与分析,企业能够发现供应链的瓶颈和问题,优化供应链策略,提高供应链的效率和可靠性。同时,基于数据分析的决策优化可以为企业带来更低的成本、更高的利润和客户满意度。

宜家是全球领先的家居零售品牌,业务遍布全球很多国家和地区,拥有几百家门店。在庞大的规模下,精确预测客户的需求变得尤为重要。为了提高预测的准确性,宜家积极采用先进的人工智能驱动工具,并利用大量现有数据和新数据进行分析和预测。

首先,宜家通过收集和分析客户购买记录、浏览行为、搜索关键词等数据,了解客户的需求和偏好。这些数据可以帮助宜家更准确地预测产品将在哪些市场和地区受到欢迎。同时,宜家还利用这些数据优化库存管理,确保产品供应与市场需求相匹配,避免库存积压或缺货。

其次,宜家利用人工智能技术对大量数据进行深度挖掘和分析。通过构建预测模型,宜家可以预测未来一段时间内产品的销售趋势、价格波动等。这些预测结果对于宜家的采购、生产、物流等各个环节都具有重要指导意义。例如,宜家发现某些产品在特定区域的销量较高,因此增加了这些地区的库存,从而提高了库存周转率。

最后,宜家还不断引入新的数据源,以提高预测的准确性和全面性。例如,宜家与第三方研究机构合作,获取关于客户行为、市场趋势等方面的数据。这些数据可以为宜家的预测模型提供更多维度的信息,进一步提高预测的准确性和可靠性。

总之,企业可以借助大数据技术挖掘与分析数据,充分利用数据的价值,更好地了解供应链的运行状态和市场需求,优化供应策略,提高决策效率和准确性,为实现可持续发展奠定坚实基础。

## 2.1.4 区块链:提供供应链安全保障

区块链技术集合了多种技术,通过不断增长的数据块链来记录交易和信息,确保数据的安全性和透明性。区块链技术起源于比特币,随着不断发展和演进,逐渐成为一项全球性的技术,在金融、供应链、医疗等领域得到了广泛应用。

区块链具有去中心化、分布式存储的特点，能够确保数据不被篡改和泄露，从而极大地提高了供应链信息的安全性和可信度。经过精心设计与实施，区块链技术能够精准记录供应链上每个节点的详细数据，确保整个流程的可追溯性。这意味着从原材料采购到产品生产、销售、配送等每一个环节的信息都能实现可追溯，有助于快速发现和解决问题。

智能合约技术可以实现供应链各节点之间的自动交互和协商，提高供应链效率。智能合约具备自动执行预设条款与条件的能力，大幅减少了人为干预及其可能带来的错误，从而有效降低了供应链风险。

区块链技术在建立供应商信用评估体系方面具有显著优势。通过整合历史交易信息、信用记录等关键数据，区块链能够构建一个全面、客观的供应商信用评估体系。这一体系不仅有助于提升供应商的信誉度，还能显著提升交易过程的安全性，为各方参与者提供更为可靠和透明的交易环境。这有助于筛选出可靠的供应商，降低供应链风险。

同时，区块链技术可以构建供应链共享经济模式，降低资源浪费和成本，提高供应链整体效益。企业通过共享资源，可以优化供应链运作，提高运营效率和灵活性。

例如，在制药行业，区块链技术的应用正在逐渐改变药品供应链的安全保障方式。美国食品药品监督管理局与科技公司 IBM 合作，利用区块链技术建立药品追溯平台。该平台旨在追溯药品从生产到分销的整个过程，确保药品的来源可追溯、质量可控。通过该平台，美国食品药品监督管理局可以实时监控药品流动，快速定位潜在问题，提高药品安全性。

再如，辉瑞与区块链公司 Chronicled 合作，利用区块链技术解决制药行业合同和退款问题。该合作项目旨在通过区块链技术创建一个透明、不可篡改的合同和退款记录，以防止伪造和误用。

综上所述,区块链技术在供应链安全保障方面具有重要的价值和意义。它不仅可以提高供应链的透明度、信任度,还可以促进供应链的数字化和智能化发展。随着技术的不断进步和应用场景的不断拓展,区块链技术将在供应链管理中发挥更加重要的作用,为企业打造数智化供应链提供更多支持。

## 2.1.5　ChatGPT 创新发展,带来供应链新突破

ChatGPT 是人工智能公司 OpenAI 推出的一款自然语言处理工具。基于底层模型的支持,其能够与客户进行流畅的互动,并生成对话、文案、代码等多种内容。ChatGPT 在供应链管理领域的应用,为供应链智能化注入了动力,为供应链的发展带来了新的突破。它能为企业提供高效、精准、科学的解决方案,有效助力企业提升运营效率、削减成本并优化决策流程。

(1)ChatGPT 可以基于大量的供应链数据和业务知识,通过深度学习和自然语言处理技术,为企业提供智能化的决策支持。它可以帮助企业快速分析市场趋势、供应商性能、库存状态等信息,从而制定更加科学、合理的供应链策略。

(2)ChatGPT 可以自动化处理供应链中的烦琐任务,如订单处理、库存管理、物流跟踪等。通过自然语言处理技术,ChatGPT 可以理解和处理人类语言,自动完成一些需要人工干预的任务,从而提高供应链的运作效率和准确性。例如,某电商平台通过 ChatGPT 自动化处理客户咨询,提供 7×24 小时的客户支持,提高了客户的满意度,同时减轻了客服团队的工作负担。

(3)ChatGPT 可以帮助企业识别和分析供应链的潜在风险,如供应链破产、价格波动、物流延误等。通过实时监控和分析供应链数据,ChatGPT 可以预测风险并提前制定相应的应对措施,从而降低风险对企业运营的影响。

(4)ChatGPT可以通过与客户进行自然语言交互了解客户的需求和偏好,并提供个性化的供应链解决方案。这有助于提升客户满意度和忠诚度,提高企业在市场中的竞争力。

(5)ChatGPT的发展推动了业务模式创新。例如,利用ChatGPT的智能分析能力,企业可以开展基于数据分析的增值服务,如供应链金融、供应链咨询等,从而拓展业务领域,增加收入来源。

综上所述,ChatGPT为供应链的发展带来新的突破和机遇。通过智能化决策支持、自动化任务处理、供应链风险管理、个性化客户服务以及创新业务模式等方式,ChatGPT帮助企业提高效率、降低成本、优化决策。

## 2.1.6　华为:数智时代多角度重塑供应链

华为供应链的发展历程是一个不断适应和引领变革的过程。20世纪90年代,华为开始自主研发通信设备,为了保证技术领先和产品质量,华为开始垂直整合供应链。进入21世纪,华为加速国际化步伐,其供应链也随之全球化,华为开始在全球范围内寻找最佳的供应商,并建立了多个海外研发中心和生产基地。

近年来,华为大力推进供应链数字化和智能化改造,通过引入物联网、人工智能和大数据技术,华为的供应链管理变得更加高效和透明。在数智化背景下,华为通过采取多角度的创新举措,重塑其供应链体系。

具体而言,华为在供应链重塑方面主要采取了以下举措:

### 1. 数字化转型

华为供应链的数字化转型主要体现为ISC+变革。该变革始于2015年,目标是提升客户体验和创造更多价值。华为通过引入先进的数字技术,如大数据、人工智能、物联网等,对供应链各个环节进行数字化改造,实现了供应链的透明化、可视化和智能化。数字化转型有助于提高供应链的效率和灵活性,使华为能够更好地应对市场变化。

### 2. 智能化生产

华为积极引入先进的智能制造系统和设备,如自动化生产线、智能仓储系统、机器人等,以提高生产效率和产品质量。借助数字技术,华为将生产过程中各个环节连接起来并进行优化,实现生产数据的即时采集和分析。华为注重在生产过程中应用智能化技术,以实现生产过程的自动化决策和优化。

同时,为了适应智能化生产的需求,华为积极提升员工的技能水平,通过培训、学习等方式使员工掌握先进的制造技术和数字化工具。通过智能制造,华为提高了生产效率,降低了成本,缩短了产品上市时间,更好地满足客户需求。

### 3. 优化物流体系

华为通过建立全球物流中心、统一规划和管控全球物流网络,实现了物流资源的优化配置。华为还引进物流信息管理系统,实现物流信息全程可追溯和实时监控,提高了物流的透明度和可视化程度。华为通过智能化的运输规划和调度,优化运输模式和配送方案,减少运输时间和成本,提高物流效率。此外,华为注重优化库存管理,通过合理的库存规划降低库存成本,避免过多资金被占用。

### 4. 协同供应链

华为与供应商建立长期、紧密的合作关系,通过共同制定供应链战略、分享市场信息和需求预测等方式,实现了供应链的协同管理,提高了供应链的灵活性和响应速度。华为还通过引入数字技术和工具,实现了供应链各环节的信息共享和协同作业,提高了供应链的透明度和可追溯性,在降低沟通成本的同时提升了协同效率。

总之,在数智时代,华为从数字化转型、智能化生产、优化物流体系等多个角度重塑供应链,以更好地适应市场需求和提升竞争力。这些举措不仅有助于华为自身的发展,也为整个行业的供应链转型提供了有益的借鉴和启示。

## 2.2 特点分析:深入了解数智化供应链

随着科技的飞速发展,数智化已经成为现代社会中各个领域的发展趋势。在供应链领域,数智化供应链的出现为企业带来了前所未有的机遇和挑战。下面将从全链协同、智能优化全链、供应链弹性增强、实现敏捷管理等方面深入分析数智化供应链的特点。

### 2.2.1 全链协同,提高效率

数智化供应链打破了传统供应链的局限,将企业内部各个部门以及不同企业连接起来。从产品设计研发到原材料采购,从生产制造到物流配送,再到销售与售后服务的所有环节都借助数字技术实现了高效协同。

在企业内部,不同部门之间的协同合作至关重要。研发部门利用大数据分析市场需求,精准定位产品方向,为生产部门提供明确的生产蓝图。生产部门借助智能化的生产设备和管理系统,根据销售部门的预测数据合理安排生产计划,确保产品按时交付。

同时,物流部门与生产部门紧密配合,实时掌握生产进度,提前规划运输路线和仓储空间,确保产品能够快速送达客户手中。销售部门则通过数据分析客户反馈,及时将市场信息传递给其他部门,以便调整产品策略和服务内容。

而在企业与企业之间,数智化供应链也能实现协同。供应商可以通过供应链平台实时了解企业的生产需求,提前准备原材料,确保供应的及时性和稳定性。企业之间共享物流资源,优化运输方案,降低物流成本。同时,合作企业还可以共同开展技术研发,提高产品质量和创新能力。

例如,在电子产品领域,芯片制造商、零部件供应商、整机生产商和销售商之间通过数智化供应链实现了全链协同。芯片制造商根据市场需求研发新型芯片,及时将产品信息传递给零部件供应商和整机生产商。零部件供应商根据芯片规格生产配套零部件,整机生产商则根据市场销售情况安排生产计划。在物流环节,各方共同合作,选择最优的运输方式和仓储方案,确保产品能够快速到达消费者手中。

数智化供应链全链协同大幅缩短了产品上市时间。通过各环节的紧密配合,产品从设计到上市的周期大幅缩短,企业能够更快地响应市场变化,抓住商机。

此外,精准的需求预测和高效的物流配送,使得企业能够保持合理的库存水平,避免库存积压或缺货现象。快速、准确的交付和优质的售后服务,让客户能够享受到更好的购物体验。

## 2.2.2　智能优化全链,各环节精益运作

通过智能优化全链,实现各环节的精益运作,企业能够更好地应对市场变化,提高效率,降低成本,为客户提供更优质的产品和服务。

图 2.2 所示的供应链运作参考(supply chain operations reference,SCOR)模型,为企业提供了一个全面的框架来理解和优化供应链,它将供应链运作分

为六个基本流程,包括计划(plan)、采购(source)、制造(make)、交付(deliver)、退换(return)和使能(enable)。

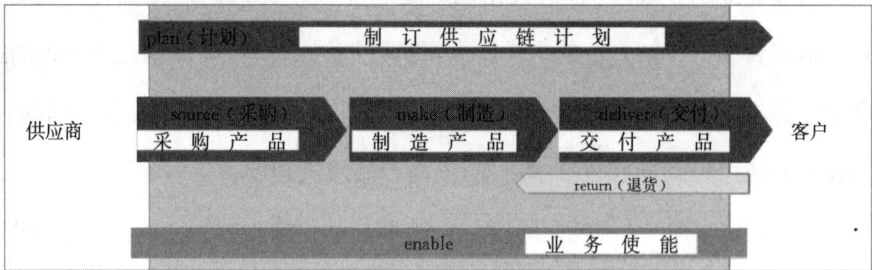

图 2.2　SCOR 模型

其中,enable 涵盖了流程和 IT 平台等物理设施,为计划、采购、制造、交付、退换等基本流程提供坚实的支撑,确保各个环节操作规范和高效衔接,使得不同部门之间能够协同合作,提高供应链的整体运作效率。

数智化供应链能够智能优化全链,使供应链各个环节实现精益化运作和高度的自动化、数据化与智能化,如图 2.3 所示。

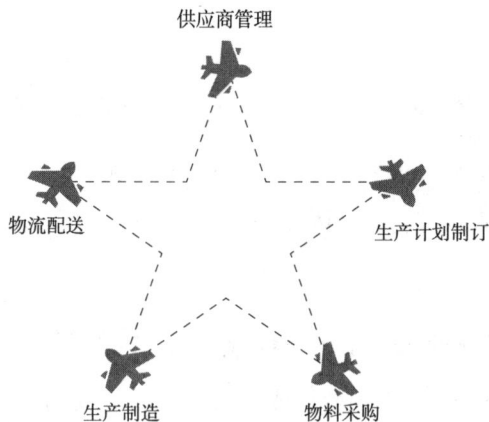

图 2.3　供应链各个环节

## 1. 供应商管理

企业可以借助大数据分析和机器学习技术对供应商进行智能评估,选择最佳合作伙伴。同时,通过对供应商交货时间、产品质量等数据的实时监控和分析,确保供应链的稳定性和可靠性。例如,金融行业企业通常从合规性与风险管理、技术能力、财务稳定性、业务连续性等方面入手分析供应商,进行全面客观的评估,选择最适合自己的供应商。

**2. 生产计划制订**

基于智能算法和大数据分析,企业可以精准预测市场需求,从而制订出更为合理的生产计划。此外,通过对生产进度和库存情况的实时监控,企业能够及时调整生产计划,有效防止库存积压和浪费现象的发生。

**3. 物料采购**

借助自动化采购系统,企业可以实现物料采购的高效运作。企业通过对历史采购数据的分析,可以预测未来的采购需求,从而提前与供应商沟通,确保物料供应的及时性。

**4. 生产制造**

企业可以通过物联网技术,实时监控生产设备的运行状态和生产进度,确保生产顺利进行。借助智能化生产管理系统,企业可以实现生产过程的自动化和智能化,提高生产效率和质量。

**5. 物流配送**

通过引入智能物流系统,企业可以实现货物的快速、准确配送。通过对物流数据的实时监控和分析,企业可以预测货物的运输需求和路线,从而提前做好配送计划。此外,企业通过与电商平台、物流公司等合作伙伴进行数据共享和协同,可以实现更为高效的物流配送。

特斯拉作为电动汽车行业的领军企业,其成功很大程度上归功于高效的数智化供应链管理。特斯拉利用先进的数智化技术,收集和分析海量的客户数据,包括购车意向、使用习惯、地理位置等信息,从而精准预测客户需求变化趋势。

基于此,特斯拉采用"按需生产"的模式,根据市场需求来调整生产量,以确保在满足市场需求的同时,不会造成库存积压。例如,当某款车型在特定区域受到热烈追捧时,特斯拉能够迅速调整生产计划,增加该地区的供应量,相反,当市场需求减少时,特斯拉也能及时减少生产,避免库存积压。

特斯拉的数智化供应链管理还体现在对库存的精细调控上。特斯拉通过数智化技术,实现对库存的实时监控和动态调整。当库存水平过高时,特斯拉会自动启动降价促销或其他销售策略,以快速消化库存。

综上所述,数智化供应链通过优化全链,使得供应链的各个环节能够实现精益运作。这不仅提高了企业的运营效率和质量,还为企业带来了更为广阔的市场和发展空间。

## 2.2.3 供应链弹性增强,更加灵活

和传统供应链相比,数智化供应链具有更强的弹性,更加灵活,这对于企业在复杂多变的市场环境中保持竞争优势至关重要。数智化供应链的高弹性主要体现在以下几个方面:

### 1. 快速适应市场变化

数智化供应链利用先进的数据分析工具,能够实现对市场需求的精准预测。通过对历史销售数据、季节性因素、消费者偏好等信息的综合分析,系统能够准确预测未来一段时间内的产品需求量和变化趋势。这种精准的需求预测,使企业能够合理安排生产计划、优化库存管理,避免库存积压或缺货现象的发生,有效降低运营成本和市场风险。

### 2. 快速应对突发事件

在自然灾害等不可抗力面前,传统供应链往往显得脆弱不堪。而数智

化供应链则能够迅速调整供应链布局,寻找替代供应商,优化物流路径,确保供应链的连续性和稳定性。这种灵活性不仅降低了企业的运营风险,还提升了企业的市场竞争力。

**3. 流程自动化**

数智化供应链能够有效实现供应链中众多重复性、例行性任务的自动化处理,如订单管理、库存调控、发票处理等。这不仅显著提升供应链的运作效率,还减少了人为错误,释放大量人力资源,降低企业成本。

**4. 供应链透明度提升**

数智化供应链通过物联网、区块链等技术的应用,实现了供应链各个环节的实时监控和透明化管理。企业可以实时掌握供应链的运营状态、产品质量、库存情况等关键信息,确保供应链的合规性和安全性。这种透明度不仅提升了企业对供应链的掌控力,还增强了消费者对企业的信任感。在供应链中断或质量问题发生时,企业能够迅速定位问题、采取措施,确保供应链的快速恢复和稳定运行。

总体而言,数智化供应链具有很强的弹性与灵活性,能够提升供应链的运作效率,增强其应对市场和环境变化的灵活性,为企业的长远发展奠定坚实基础。

## 2.2.4　实现全链可视化下的敏捷管理

数智化供应链能够实现全链可视化下的敏捷管理。基于数智化供应链,企业可以将供应链各个环节的信息进行高度整合和可视化,从而实现供应链的敏捷响应和快速调整。

基于数智化供应链,企业可以与上下游企业共享信息,加强沟通和协作,共同应对市场变化。例如,当某个环节出现问题时,企业可以通过供应链及时了解情况,协调资源进行解决,确保供应链稳定运行。

同时,企业可以更加有效地进行风险管理。通过实时监控供应链的运行状况,企业可以及时发现潜在风险,采取相应的措施进行应对。例如,当某个供应商延迟交货时,企业可以及时了解情况,调整生产计划,避免对客户造成不良影响。

不少超市的生鲜直采项目通过搭建数智化供应链实现了供应链全链可视化下的敏捷管理。以沃柑为例,超市对沃柑从田间到餐桌的全过程进行实时监控,确保了产品的质量和新鲜度。这种监控包括对沃柑生产环境的温度、湿度、光照等参数的实时监测,以及对运输和储藏过程中的温度控制。此外,超市还利用物联网技术记录沃柑的溯源信息,消费者可以通过扫描产品上的二维码了解沃柑的生产、运输和储存等信息,这大幅提升了消费者的信任度。

同时,借助数智化供应链,超市能够及时了解市场动态,迅速调整采购策略,保证生鲜产品的供应与市场需求相匹配。这种敏捷性使得超市能够在市场波动时保持稳定运营和供应。

总之,以数智化供应链实现全链可视化下的敏捷管理是一种高效、灵活的供应链管理模式。通过这种模式,企业可以更准确地掌握市场需求、生产进度、物流情况等信息,提高反应速度和灵活性。此外,这种模式还为企业提供了更好的协同合作平台和风险管理手段,帮助企业在激烈的市场竞争中立于不败之地。

## 2.2.5 供应链主数据价值凸显

在供应链管理中,主数据管理(master data management,MDM)扮演着至关重要的角色,能够保证核心业务数据的统一性、精确性和可访问性。下面将详细探讨主数据在供应链各环节中的应用以及调用主数据的方式。

**1. 主数据在供应链各环节中的应用**

(1)采购环节。

①供应商管理。供应链主数据包含供应商的基本信息、历史交易记录、绩效评估等,有助于企业优化供应商组合,制定更合理的采购策略。

②需求预测。利用历史销售数据、市场趋势等信息,企业可以更加准确地预测未来的材料需求,从而制订更精确的采购计划,减少库存积压和缺货风险。

③采购谈判。供应链主数据中的市场价格、供应商成本等信息,可以为企业与供应商的谈判提供有力支持,帮助企业获取更优惠的采购价格和条件。

(2)生产环节。

①生产计划制订。供应链主数据中的原材料库存、生产周期、设备产能等信息,是企业制订生产计划的重要依据。

②质量控制。供应链主数据中的产品质量数据、检测记录等,有助于企业及时发现生产过程中的质量问题,并采取相应的改进措施,确保产品质量符合客户要求。

③设备维护。通过分析供应链主数据中的设备运行状态、维修记录等信息,企业可以预测设备的维护需求,合理安排维护计划,降低设备故障率,提高生产效率。

(3)交付环节。

①订单管理。供应链主数据中的订单信息,包括客户订单、产品规格、数量、交货日期等,是交付环节的核心数据。通过实时更新和分析这些数据,企业可以确保订单的准确性,并及时响应客户的需求变化。

②库存管理。在交付前,企业需要确保产品库存充足。供应链主数据中的库存信息,如库存数量、存储位置、保质期等,有助于企业实时掌握库存状况,避免缺货或过期产品的交付。

③物流跟踪。通过供应链主数据中的物流信息,企业可以实时跟踪货物的运输状态,包括运输路线、预计到达时间等。这有助于企业及时应对物流延误或异常情况,确保货物按时交付给客户。

(4)退货环节。

①退货管理。供应链主数据中的退货信息,包括退货原因、退货数量、退货日期等,是企业进行退货管理的重要依据。通过分析这些数据,企业可以识别退货问题的根源,并采取相应的改进措施,降低退货率。

②库存调整。当客户退货时,企业需要及时更新库存信息,确保退货产品被正确归类和处理。供应链主数据中的库存调整功能可以帮助企业实现这一目标,确保库存数据的准确性和实时性。

## 2. 主数据的调用

主数据的调用主要有以下几种方式:

(1)集成接口。业务系统通过应用程序编程接口(application programming interface,API)或其他集成接口与 MDM 系统连接,实现数据的实时调用。

(2)数据同步。业务系统定期从 MDM 系统同步数据,保证本地数据的时效性和准确性。

(3)数据服务。MDM 系统提供数据服务,业务系统通过服务请求调用所需的主数据。

(4)直接调用。业务系统直接连接 MDM 系统进行数据查询和调用。

(5)跨系统数据流转。通过数据抽取、转换和加载(ETL)工具,MDM 系统中的主数据可以流转到其他业务系统中。这种方式适用于大规模数据迁移和集成的场景。

通过这些方式,主数据得以在供应链的各个业务系统间高效流转,从而保证了供应链的运行流畅性和数据的统一性。

总之,MDM 能够促进企业更高效地掌握和利用供应链主数据,进而提高运营效率、决策精确性和业务绩效。尽管不同行业的企业在应用 MDM 时可能存在差异,但总体来看,MDM 对于提升供应链的管理质量和竞争力具有不可忽视的促进作用。

## 2.3　数智化发展带来供应链模式创新

数智化发展推动供应链模式创新,引领供应链向更智能、更高效、更灵活的方向迈进。这不仅为企业带来了前所未有的发展机遇,也加速了供应链行业的整体进步与转型。随着数智化技术不断进步,供应链模式创新将继续深化,推动供应链行业不断向前发展。

### 2.3.1　数智强链,实现无界供应链

通过运用先进的数字化、智能化技术,企业可以显著提升供应链的运作效率和透明度,实现供应链的精细化管理和高效运作。在此基础上,企业有能力打破传统供应链的局限与隔阂,推动供应链的全面协同与整合,从而实现无界供应链。

无界供应链具有以下三个特点:

(1)开放性。无界供应链强调供应链的开放性和包容性,鼓励供应链各环节之间的信息共享和资源整合。

（2）集成性。通过先进的科技手段，无界供应链能够实现供应链各环节之间的无缝对接和高效协同，形成一个整体优化的供应链系统。

（3）高效性。无界供应链通过优化资源配置、提高运营效率、降低运营成本等方式，实现供应链整体效益的最大化。

物联网供应链场景生态品牌"日日顺"在无界供应链方面进行了探索。通过"全球织网"的战略布局，日日顺在全球范围内建立了广泛的物流网络，实现了供应链的全球覆盖和高效运作。日日顺不仅提供传统的"港到港"服务，还能根据客户的需求提供"门到港""门到门"等方案，满足不同客户的个性化需求。

日日顺致力于运用先进的物联网技术、大数据分析及人工智能等科技手段，对供应链的各个环节进行深度的数字化改造与升级。例如，在原来货物配送过程中，司机需要在系统中手动输入路线并自行规划送货顺序，而引入"智能排程"功能后，系统可以一键规划送货路线，大幅提高了司机的工作效率。

为了帮助奔驰汽车解决库存管理和调货不及时的问题，日日顺为其量身打造了"2H 前置仓＋本地仓＋区域功能仓"三级功能仓解决方案，通过更高效的库存管理，快速响应市场需求。

日日顺持续推动供应链领域的创新，通过引入新技术、新模式和新业态，不断拓展供应链管理的边界和可能性。例如，一辆比亚迪汽车有上万个零部件，缺少一个都会影响到产线的运转。日日顺与比亚迪深入合作，为比亚迪提供了"仓干配一体化"的智能解决方案。这个方案包括仓库管理、干支线运输和配送等多个环节，实现供应链各环节的无缝对接。通过这个方案，比亚迪能够更加高效地管理库存，优化运输路线和运输方式，确保了货物能够准时、准确地送达目的地。

总之，数字化和智能化技术的应用，为供应链行业带来了巨大的发展机遇。企业应该充分利用这些科技手段，推动供应链的全面协同与整合，实现供应链的精细化管理和高效运作，创造更大的价值。

### 2.3.2　以开放的供应链交易平台聚合各方参与者

过去，由于缺乏现代信息技术的支持，客户与企业之间的信息传递往往存在延迟，例如，客户下单后，企业需要一定时间才能收到订单信息并开始生产或备货。此外，在信息传递过程中，由于人工录入信息时可能出现误操作或遗漏，容易导致信息传递出现误差或失真，可能给客户和企业带来麻烦与损失。

以开放的供应链交易平台聚合各方参与者，是实现供应链协同和优化的重要途径。这种平台通过提供统一的信息交流和交易平台，打破了传统供应链中各环节之间的信息壁垒，促进了各方的合作与协同。供应链交易平台的优势主要体现在以下几个方面：

**1. 实现信息共享**

供应链交易平台通过提供统一的信息平台，实现各方参与者之间的信息共享。平台可以集成各种信息系统，如企业管理信息系统、客户关系管理系统、仓库管理系统等，为各方提供实时、准确、完整的信息。通过这个平台，各方参与者可以更加便捷地了解市场需求、库存情况、物流信息等，从而作出更加精准的决策。

**2. 提供在线交易功能**

开放的供应链交易平台可以提供在线交易功能，实现各方参与者之间的直接交易。平台支持多种交易模式，如企业对企业（business to business，B2B）、企业对消费者（business to consumer，B2C）、消费者对企业（customer to business，C2B）等，为各方提供更加便捷、高效的交易方式。通过这个平台,各方参与者可以更加方便地进行采购、销售、租赁等业务,提高交易效率和降低成本。

**3. 促进供应链协同**

开放的供应链交易平台可以促进供应链各环节之间的协同。通过这个平台,各方参与者可以更加方便地协调生产计划、物流安排、库存管理等方面的工作,实现各环节的无缝对接。同时,平台还可以提供协同工具,帮助各方参与者更好地进行任务分配、进度跟踪等。

**4. 提供数据分析和决策支持**

开放的供应链交易平台可以提供数据分析和决策支持。平台可以对收集到的数据进行分析和挖掘,为各方参与者提供有价值的信息和建议。通过这个平台,各方参与者可以更加方便地了解市场趋势、竞争对手的情况等,从而做出更加精准的决策。

在搭建供应链交易平台方面,一些企业已经进行了探索。例如,京极供应链通过建立统一的信息平台,实现了客户方与供应方之间的实时信息共享。这意味着客户可以随时查看订单状态、库存情况、物流信息等,而供应商也可以及时了解客户需求、市场变化等信息,平台情况如图 2.4 所示。这极大地提高了信息的透明度与准确性,减少了因信息传递不及时或不准确而导致的问题。

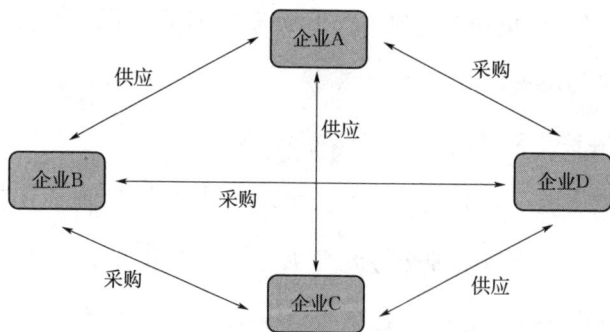

图 2.4　供应链统一平台

京极供应链制定了标准化的信息交流流程,明确了各方的职责和权利,使得信息交流变得更加规范、有序,避免因流程混乱而导致信息传递错误或延误。京极供应链引入了自动化工具,如电子数据交换、供应链管理系统等,可以自动生成订单、发票、送货单等文档,并将它们发送给相应的客户或供应商,大幅减少了人工操作。

京极供应链还建立了反馈机制,鼓励客户和供应商对信息传递提出意见和建议。这使得各方可以及时发现并解决信息传递过程中存在的问题。

### 2.3.3　连接上下游,构建生态型供应链

传统的供应链由于缺乏有效的信息共享和资源共享机制,导致效率低下和成本高昂。此外,传统供应链通常不具备高效的响应机制,难以满足客户的个性化需求,并且在应对市场变化时显得力不从心,可能导致企业错失良机。

构建一个连接上下游的生态型供应链,已成为现代企业参与竞争的关键策略。生态型供应链是指将供应链中的各个环节视为一个有机整体,通过信息共享、资源协同、风险共担等机制,实现上下游企业间的紧密合作与协同发展。这种供应链模式不仅关注单个企业的利益最大化,更注重整个生态系统的平衡与和谐,旨在通过优化资源配置、减少浪费、提升整体效能,实现社会效益、经济效益和环境效益的共赢。

以汽车行业为例,其供应链极为复杂,涉及众多环节和供应商。因此,如何实现供应商之间的有效协同合作,进而提升整体效率,成为企业面临的一个重大挑战。

为了解决这一挑战,联想 Filez 开发了一个统一的文件安全协作管理平台,旨在提升供应链效率、确保信息安全,并促进供应链上下游企业之间的

协同合作。通过该平台提供的文件共享和协作功能，上下游企业能够轻松共享文件、资料和计划，显著降低沟通成本、减少时间延误。该平台还具备高效的文档版本控制和历史记录功能，有效避免了因版本混乱或信息不一致而产生的误解和错误。

为了保证信息安全，该平台采用先进的加密技术和安全协议，确保文件在传输和存储过程中的安全性。同时，该平台提供严格的权限管理和访问控制功能，只有经过授权的人员才能访问和修改文件。

此外，该平台支持多人同时编辑和讨论文件，促进上下游企业之间的实时交流和协作。上游供应商可以通过该平台及时共享生产计划和物流信息，确保供应链的顺畅运行。下游客户则可以通过该平台了解订单状态和产品信息，提高满意度。这种连接不仅提高了供应链的可追溯性和透明度，还降低了沟通成本，提高了工作效率。

联想 Filez 不仅是一个文件协作工具，更是一个促进生态型供应链形成的平台。通过该平台，制造企业可以与上下游企业建立紧密的合作关系，共同应对市场变化和竞争压力。生态型供应链不仅提高了企业的竞争力，还推动了整个产业链的协同发展。

# 03

## 第 3 章

## 数智化供应链战略规划

数智化供应链战略规划是企业发展的关键之一。随着市场竞争的加剧和消费者需求的不断变化,企业需要更加高效、灵活和智能的供应链来应对挑战。数智化供应链战略规划能够帮助企业实现这一目标。本章聚焦数智化供应链战略规划,深入讲解做好战略规划必备的思维意识、供应链数智化转型两大战略等内容,为企业制定数智化供应链战略规划提供指导。

# 3.1　做供应链战略规划必备的思维意识

在进行供应链战略规划时,企业除了具备扎实的专业知识和丰富的实践经验外,还需要具备一些特定的思维意识。企业需要掌握战略规划的四个意识,以更好地理解和应对供应链中的复杂问题,从而制定出更加科学和有效的供应链战略规划。

## 3.1.1　统筹意识

在制定供应链战略规划时,企业需要具备统筹意识。统筹意识意味着企业能从全局和长远的角度出发,综合考虑供应链各个环节的相互影响和制约关系,以确保供应链的协同运作和持续发展。以下是企业在供应链战略规划中具备统筹意识的几个关键方面:

**1. 全局视野**

统筹意识要求企业具备全局视野,能够全面考虑供应链中的各个环节,并深入理解这些环节之间的相互作用和依赖关系,确保供应链的整体稳定性和效率。

**2. 长期规划**

统筹意识还意味着企业需要进行长期规划,不仅关注眼前的利益,还要考虑未来的发展趋势和市场需求。

### 3. 风险评估与管理

统筹意识要求企业对供应链中可能存在的风险进行评估和管理。这包括供应商的稳定性、生产过程中的质量问题、物流运输的可靠性等。企业需要建立完善的风险管理机制，制定应对措施，以降低供应链中断的风险。

例如，华为公司在制定供应链战略规划过程中展现了高度的统筹意识。华为公司不仅关注自身的生产效率和成本控制，还充分考虑到供应商的能力、地理位置、物流成本以及环境和社会责任等因素。

首先，华为公司与全球范围内的供应商建立了紧密的合作关系，这些供应商具备先进的制造技术和强大的生产能力。华为公司通过与这些供应商共同研发和优化生产流程，确保了产品质量和生产效率。同时，华为公司还与供应商共享市场信息和销售预测，帮助供应商提前制订生产计划，降低库存成本。

其次，华为公司在选择供应商时充分考虑了地理位置。华为公司的供应商遍布全球，包括亚洲、欧洲和美洲等地区。通过优化供应商的地理分布，华为公司能够降低物流成本，提高供应链的灵活性。

再次，华为公司还注重供应链的可持续性。华为公司要求其供应商遵守环保法规，采用环保材料和工艺。同时，华为公司还推动供应商采用可再生能源，降低碳排放。这些措施不仅提高了华为公司品牌的环保形象，也为其长期发展奠定了基础。

最后，华为公司在供应链战略规划中还充分考虑了风险管理。华为公司建立了完善的风险评估机制，对供应链进行全面的风险评估，包括政治风险、经济风险、自然灾害风险等。基于评估结果，华为公司制定了相应的风险应对策略，如供应商多元化、建立应急库存等，以确保供应链的稳定性和可靠性。

综上所述,企业在进行供应链战略规划时,需要具备统筹意识,从全局和长远角度出发,综合考虑供应链的各个环节和影响因素,确保供应链的整体稳定性和效率。

## 3.1.2 协同意识

协同意识强调企业内部以及企业与供应链伙伴之间拥有共同目标,能够紧密合作,以实现效益最大化。以下是协同意识在供应链战略规划中的具体体现:

**1. 内部协同**

企业内部各个部门,如采购、生产、销售等,需要协同工作。当这些部门能够围绕共同的供应链目标进行规划和操作时,可以避免信息孤岛和重复工作,从而提高整体效率。

**2. 供应链伙伴协同**

供应链不仅包括企业内部部门,还涉及外部供应商、分销商和客户。协同意识要求企业与这些供应链伙伴建立紧密的合作关系,共同应对市场变化,分享信息,优化资源配置,以降低整体成本。

**3. 创新与持续改进**

协同意识鼓励企业与供应链伙伴共同探索新的技术和方法,以提高供应链的整体效率和竞争力。通过持续改进和创新,企业可以不断优化供应链,满足市场的需求。

例如,某知名电子产品制造商通过建立高效的协同团队和强化信息共享机制,成功实现了供应链战略规划。在协同团队的推动下,企业优化了供应商选择、库存管理和物流运输等环节,提高了供应链的响应速度和效率。同时,企业还积极与供应链合作伙伴共同应对市场变化和不确定性,确保了供应链的稳定性和可持续性。

　　总之,协同意识在企业供应链战略规划中占据重要地位。通过增强协同意识,企业能够更有效地配置资源,提升供应链的整体效能与竞争力,从而实现可持续发展。

### 3.1.3　敏捷型柔性供应链意识

　　柔性供应链意识要求企业打造适应性强、反应敏捷的柔性供应链。其主张运用信息技术实现供应链管理的透明化和协同化,促进供应链成员协同合作,并建立多元化的供应商和物流企业合作关系,以打造灵活、敏捷、低成本、低风险的供应链。以下是敏捷型柔性供应链意识在供应链战略规划中的几个重要性:

　　**1. 快速响应市场变化**

　　敏捷型柔性供应链强调对市场的快速响应能力。当市场需求发生变化时,供应链需要能够快速调整生产、物流和销售策略,以满足新的需求。这种快速响应能力可以帮助企业抓住市场机会,提高客户满意度。

　　**2. 灵活性和适应性**

　　敏捷型柔性供应链需要具备高度的灵活性和适应性。这意味着供应链需要能够应对各种不确定性,如供应商的不稳定、生产中断、物流延误等。通过灵活调整供应链策略,企业可以最小化这些不确定性对运营的影响。

　　**3. 资源优化和共享**

　　敏捷型柔性供应链鼓励企业与供应链伙伴共享资源和信息。通过共享资源,企业可以提高生产效率,降低库存成本,优化物流配送。同时,共享信息可以帮助企业更好地了解市场需求和供应链状况,从而提高决策的准确性。

综上所述,通过打造柔性供应链,企业能够提升生产效率和质量,在一定程度上规避经营风险,减少不必要的生产、仓储与物流成本,提高市场竞争力。

### 3.1.4  以客户为中心的意识

在当今社会,数智化技术的广泛应用不仅深刻地改变了人们的日常生活习惯,同时也对企业运营模式提出了全新的挑战。以客户为中心的意识已经成为企业生存和发展的关键,这也是企业在进行供应链战略规划时必须具备的意识。

以客户为中心的意识要求企业以客户为导向,为客户创造价值。对于客户来说,一方面,他们希望产品的功能和质量符合自己的心理预期;另一方面,他们希望企业能够提供多元化的服务,即只需要说出自己的需求,企业就能为自己匹配合适的服务方案。

从生产制造的角度来看,供应链经历了由传统的"推式"向以客户需求为驱动力的"拉式"的转变,这一转变凸显了客户在供应链中的重要地位。

"推式"供应链是一种传统的供应链模式,其运作机制是:供应链上游预测客户的需求,提前规划并进行采购原材料、生产制造、储备库存等活动,然后再根据具体的销售计划将库存的产品推向下游市场。

"拉式"供应链与"推式"供应链的运作机制截然相反,其根据下游客户的实际需求运作。通俗地说,就是精准捕捉下游客户的实际需求并将其转化为购买原材料和补充库存的信号。这种信号会沿着供应链逆向传递至上游,上游在接收到补货信号后,会迅速进行采购、生产、发货等活动,以精准、及时地满足客户的实际需求。

在"拉式"供应链模式下,企业致力于协调原材料供应商、中间生产商及最终销售网络,以满足客户的全方位需求。此外,还注重对企业内部人员、信息、资金的流动进行有效管理,通过提高供应链各环节的信息透明度,进一步提升整体运营效率。

例如,安得智联始终坚守以客户需求为导向的服务理念,致力于为合作伙伴提供创新型的供应链解决方案。该企业秉持为客户创造更大价值的使命,通过集成供应链物流服务,助力客户实现全链路、全渠道的高效运营,进而将物流从成本中心转化为价值创造中心。目前,安得智联已成功为 3 000 多家企业提供了专业的供应链服务,其一体化供应链解决方案正成为越来越多品牌合作伙伴在新发展道路上的强大动力。

针对家电行业客户,安得智联定制了一体化供应链解决方案,涵盖产前、制造、成品及售后等环节。通过整合产前运输包装、成品统仓统配以及"最后一公里"前置仓送装一体,安得智联优化了物流资源配置,降低了物流全链路成本。

针对家居、健身器材等大件产品的企业客户,安得智联提供定制化的厂商到消费者(factory to customer,F2C)一体化解决方案,确保在全国范围内实现无差别、无盲区的优质服务。安得智联致力于满足客户的多元化需求,通过精细化的服务流程和创新的解决方案,不断提升客户体验,实现企业与客户的共赢。

总之,企业在进行供应链战略规划时,必须树立以客户为中心的意识。这要求企业以客户为中心,通过数据分析深入了解并满足客户的需求和期望,提供多元化的服务。只有这样,企业才能赢得客户的信任和支持,实现可持续发展。

## 3.1.5　华为供应链:柔性高效的供应链规划

在全球化的商业环境中,供应链管理已成为企业核心竞争力的重要组成部分。作为我国科技巨头,华为深知供应链的重要性,通过持续的创新和优化,打造了柔性高效的供应链,为自身的长远发展提供了强大的支撑。

华为供应链管理的核心目标是打造柔性高效的主动型供应链,以客户为中心,实现敏捷供应,如图 3.1 所示。这意味着供应链要能够快速适应市场的变化,满足客户的个性化需求,同时保持较低的成本和较高的运营效率。

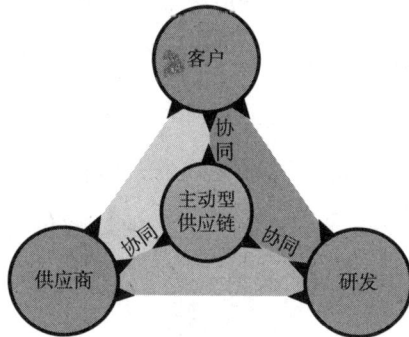

图 3.1  主动型供应链

主动型供应链具有以下特点:

(1)主动与客户协同,明确客户需求,通过产品设计与计划驱动物资、制造资源准备,将供应不确定性控制在供应链前端。

(2)主动参与产品设计,在产品设计阶段构建关键物资的可采购性、可供应性和可制造性。

(3)主动与供应商高度协同,识别新兴技术,进行联合开发,创新物资品类。针对核心品类,构建产业链生态圈,共享预测与供应能力,实现双赢。

(4)主动以供应链战略为驱动,基于信息化、数字化技术,构建供应链核心专业能力。

为了实现这一目标,华为采用了柔性生产方式,引入先进的生产技术和高度自动化的生产线。基于此,华为能够根据市场需求变化快速调整生产计划,实现产品的多样化生产。此外,华为还建立了强大的研发体系,不断推出创新产品,以满足市场的多元化需求。

在采购、库存、物流和配送等环节,华为积极进行技术创新和方法优化,以提高运营效率。在采购环节,华为通过与供应商建立长期稳定的合作关系,实现原材料的稳定供应和成本控制;在库存管理方面,华为采用了先进的库存控制算法,实现库存水平的精准控制,降低库存成本。在物流和配送环节,华为引入物联网、大数据等技术,建立了覆盖全球的物流网络,实现对物流过程的实时监控与智能调度,提高物流效率。

华为深知供应链的成功离不开优质的供应商。因此,华为致力于与供应商建立长期稳定的合作关系,通过协同创新、信息共享和风险管控等方式实现合作共赢。例如,华为与供应商共同开展技术研发,推动供应链的技术进步;通过信息共享,实现供应链的透明化与协同化;采取风险管理措施,降低供应链的风险和不确定性。

在竞争激烈的环境下,华为凭借其柔性高效的供应链积累了优势。首先,其强大的研发体系和柔性生产方式使华为能够快速响应市场需求,满足客户的个性化需求;其次,其高效的物流体系和先进的技术创新降低了运营成本,提高了整体运营效率;最后,华为与供应商的紧密合作确保了供应链的稳定性和可靠性。

展望未来,随着全球市场的不断变化和技术的持续发展,华为将继续深化供应链改革,推动供应链向更加柔性、高效、智能的方向发展。同时,华为还将积极应对全球贸易环境变化,加强与国际合作伙伴的沟通与合作,以共同构建开放、共享、共赢的供应链生态。

## 3.2 供应链数智化转型两大战略

在供应链数智化转型中,协同战略促使多企业共同规划并建设供应链,实现资源共享、风险共担。企业间紧密合作,提升整体效率与竞争力。而细分战略则强调打造差异化数智供应链,针对不同市场需求与客户群体,精心设计独特的供应链方案,提供个性化服务。两大战略相辅相成,共同推动供应链数智化转型,为企业发展开辟新天地。

### 3.2.1 协同战略,多企业共同规划并建设供应链

协同战略是指两个及两个以上的企业基于共同的目标进行协同合作,共同承担供应链决策和执行工作。

协同战略分为纵向协同和横向协同。纵向协同是指处于供应链上不同环节或不同级别的两个及两个以上企业开展合作,企业之间职责共担、资源共享,所服务的客户具有一定的相似性。横向协同是指处于供应链上同一环节或同一级别的两个及两个以上企业开展合作,企业之间目标一致,取长补短,能够提升供应链运作效率。

供应链数智化转型意味着传统的线性供应链向数字化供应网络(digital supply network,DSN)发展。DSN 将供应商、企业与客户连接起来,为客户提供端到端的可视化服务,使协同战略充分发挥作用。以数字化协同平台为载体,链上企业能够共享信息资源。人工智能技术助力企业预测供应链各环节工作时长,把握关键时间节点,提高供应链整体生产能力。

在 DSN 的支持下,供应链横向、纵向协同能够同时实现。供应链成员

能够在采购、生产、营销等环节收获巨大效益,实现全链共赢。

在 DSN 模式下,协同战略的实践不再局限于简单的信息共享或流程对接,而是演化为一种深度融合、高效互动的新型供应链生态。在这个生态中,纵向协同不仅促进了原材料供应商、制造商、分销商直至最终消费者之间的无缝衔接,还通过大数据分析和云计算技术,实现了需求预测、库存优化、物流调度等多维度、深层次的协同决策。这不仅提高了供应链的灵活性和响应速度,还有效降低了运营成本,增强了整个供应链的抗风险能力。

在横向协同方面,DSN 促进了同级别企业间的合作创新,如共享服务中心、联合研发项目等。这些合作不仅限于降低成本和提高效率,更重要的是通过技术革新和模式创新,推动了供应链服务的升级和价值的重塑。例如,利用区块链技术确保供应链透明度,利用物联网技术实现实时监控与追踪。这些技术的应用极大地提升了供应链的信任度和安全性。

DSN 还意味着供应链数智化转型进入了一个全新的阶段,即从单一企业的数智化转型迈向整个供应链生态系统的智能化升级。在这个过程中,人工智能、机器学习等先进技术不仅仅是工具,更成为驱动供应链协同创新和价值创造的核心动力。它们不仅优化了现有的供应链流程,还不断催生出新的业务模式和服务形态,如按需生产、预测性维护等,进一步推动了供应链向更加个性化、灵活化和可持续化的方向发展。

### 3.2.2　细分战略,打造差异化数智供应链

细分战略是指通过细分各类客户,制定差异化的供应链解决方案,进而满足不同类型的客户需求。

在制定差异化战略的过程中,一个重要的步骤是细分客户。企业需要通过物联网设备、销售点(point of sale,POS)系统等收集客户使用产品的数

据,将客户划分为不同类型的群体,对每一类客户进行详细分析,并将结果反馈至技术部门、业务部门以及供应链管理团队,为客户提供个性化服务。

细分战略的实施,要求企业在成本、服务和敏捷性这三个关键维度上找到最佳平衡点。首先,在成本控制方面,企业需根据不同类型的客户群体,设计并实施具有成本效益的供应链解决方案。例如,对于价格敏感型客户,企业可以通过优化采购渠道、减少库存成本和提高生产效率等方式,提供性价比更高的产品;而对于追求高品质服务的客户,企业则可能需要投资于更先进的生产技术和更精细化的服务流程,尽管这些投入可能带来更高的成本,但能够通过提升客户满意度和品牌忠诚度来获得长期回报。

在服务维度上,细分战略促使企业深入理解不同客户群体的期望和需求,从而提供定制化的服务。这包括但不限于快速响应客户需求、提供灵活的交付选项、实施个性化营销策略等。通过运用大数据分析和人工智能技术,企业能够预测客户行为,提前调整服务策略,确保在满足客户需求的同时最大化服务效率和客户满意度。

在敏捷性方面,细分战略要求企业具备快速适应市场变化和客户需求波动的能力。这意味着企业需要构建灵活的供应链网络,包括采用模块化设计、增强供应链的透明度和可追溯性以及建立快速响应机制等。此外,培养跨部门的协同能力也至关重要,确保从产品设计到市场投放的每一个环节都能迅速响应市场信号,实现供应链的动态优化。

值得注意的是,实施细分战略并非一蹴而就,而是一个持续迭代和优化的过程。企业需要定期评估战略执行效果,收集客户反馈,调整供应链策略,以不断适应市场变化和客户需求的新趋势。同时,培养一种以客户为中心的企业文化,鼓励创新思维和持续改进,是确保细分战略长期成功的关键。

总之,通过细分战略,企业不仅能够更精准地满足客户需求,提升客户满意度和忠诚度,还能在激烈的市场竞争中保持灵活性和创新性,构建难以复制的竞争优势。随着供应链数智化转型的深入,细分战略将成为企业转型升级的重要抓手,引领企业迈向更加高效、智能和可持续的未来。

## 3.3　多方准备,推动转型战略落地

数智化供应链战略的落地,离不开管理者和员工的共同努力。因此,在推动数智化供应链战略落地时,企业需要明确角色分工并选择合适的工具,让管理者与各类人才积极参与到数智化供应链转型过程中。

### 3.3.1　明确领头人,引领转型战略落地

供应链数智化转型本质上是对企业既有业务及商业模式的全面革新与升级。

**1. CEO 主导战略落地**

转型战略成功实施的关键在于企业管理水平与前沿数智化技术及系统实现无缝对接与高效协同,而要想实现这一目标,供应链转型战略落地工作就要由 CEO 主导。

(1)CEO 具备强大的推动力。供应链数智化转型战略势必会改变各部门员工的工作习惯,需要重新划分部门职责。对各部门员工来说,无论是否愿意,他们都需要走出舒适圈,适应新技术,学习新能力,融入新团队。在此基础上,转型工作面临重重阻力。这就需要 CEO 发挥强大的推动作用,带领企业员工从个人层面积极转型,从而实现供应链全链路效能提升。

（2）CEO具备敏锐的洞察力。CEO能够科学地分析市场环境、竞争格局、客户需求和市场趋势，敏锐地感知到这些方面发生的变化，捕捉到市场中的潜在发展机遇，明确战略方向；结合企业发展情况选择合适的数智化转型工具，进而确定企业提供产品或服务的平台、方式。

（3）CEO具备强大的决策力。在供应链数智化转型战略落地的过程中，所需工具需要根据转型进度逐步迭代，管理模式也需要在不断尝试中趋于完善。这就需要CEO具备强大的决策力，在转型过程中果断决策、勇于承担责任，从而激励企业员工大胆尝试、小心求证，把握转型过程中的关键节点。

**2. CEO在转型过程中的主要任务**

CEO在转型过程中的主要任务如图3.2所示。

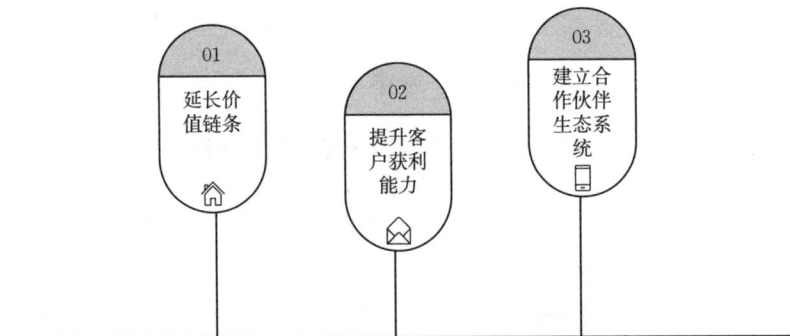

图3.2 CEO在供应链数智化转型中的主要任务

（1）延长价值链条。对供应链核心企业来说，供应链数智化转型需要以强大的信息化能力和经济实力为支撑，以供应链的复杂性为原动力。而链上中小微企业的角色定位单一，如供货、代工、分销等，其本身不具备较高的收入水平，转型能力不足，转型意愿也不强烈。基于此种情况，供应链价值链条需要进行横向延长：一方面，核心企业需要弱化采购、分销等单一环节，利用大数据技术沉淀产业数据，提升对外提供服务的能力，挖掘潜在增值机会,优化品牌形象;另一方面,中小微企业需要优化外部生态环境,实现技术、产能共享,进一步提升运营能力。

(2)提升客户获利能力。客户获利能力是指企业在一定时间内,从客户身上获取利润的能力。企业需要提升客户获利能力,并以此为基础制订转型计划。首先,企业需要利用新媒体技术,通过微信、微博等多种渠道吸引客户,扩大客户基数,并通过高频率互动促使客户了解产品信息;其次,在产品质量稳定和客户体验良好的基础上,企业可以设计奖励机制,促使现有客户通过社交媒体分享产品,提高产品曝光度,进而挖掘潜在客户;最后,企业需要对客户全生命周期进行管理,收集、分析客户使用产品的数据,为其制定个性化的产品推荐方案,进一步增强客户黏性,提升客户转化率。

(3)建立合作伙伴生态系统。合作伙伴生态系统能够加强核心企业与合作伙伴之间的联系,通过筛选和管理合作伙伴,优化资源配置,提升企业运营效率。该系统为企业及其合作伙伴提供平等参与竞争的商业环境,确保系统成员信息共享。该系统能够搭载学习管理系统(learning management system,LMS)组件,为合作伙伴提供学习机会,方便其及时了解核心企业产品的最新信息。不仅如此,企业还能够在该系统中创建奖励规则,激励合作伙伴积极推广产品,以推动营销增长。

综上所述,CEO 领导供应链转型战略落地工作能够提升企业全体员工对供应链数智化转型的重视程度,各部门员工能够积极配合,共同推动转型战略顺利落地。

## 3.3.2　选择工具,数字能力模型

数字能力模型(digital capability model,DCM)是一种面向互联网时代的供应链管理工具。该模型是供应链运营参考(supply chain operations references,

SCOR)模型的数字标准,主要具备六项数字化功能。

**1. 同步计划**

同步计划功能以核心企业的战略目标为基准,评估链上各企业的财务状况和财务目标,制订供应计划,并以此为基础制订各企业相互关联、同步运行的具体业务计划。该功能强调供应链各成员步调一致、同步化运行。

该功能通过搭建敏捷的供应网络,增强信息资源的可见性,确保企业之间、企业内部各部门之间能够实时协作,提升跨职能决策效率,为客户提供更优质的产品和服务,最终改善企业财务绩效,确保供应链转型战略顺利落地。

**2. 智能供应**

智能供应功能旨在优化供应链采购环节,将自动化、智能化能力纳入采购职能,严格筛选供应商,并对其进行分类管理。该功能对采购环节的各企业、部门产生深刻影响,能够提升采购工作效率,改善企业与供应商之间的关系,降低采购风险。

**3. 智能运营**

智能运营功能以客户需求为核心,利用大数据、AI 大模型等先进技术,为客户提供定制化的产品和服务。智能运营功能与企业运营人员协同,能够实现运营资源最优利用和投入产出比最大化,精准覆盖客户全生命周期,实现运营绩效的阶梯式增长。

**4. 动态履约**

动态履约功能可以助力企业构建动态配送网络。该功能利用信号互联传输技术打造安全可靠的产销监管链,确保仓储工作高效进行,为配送车辆设定最佳运输路线。作为跨企业系统,动态配送网络连接供应链上下游企业和客户。企业之间能够实现跨职能协作,进而提升物流配送响应能力,实现全渠道订单高效履约。

**5. 数字化开发**

数字化开发功能协助企业搭建通用开发平台和协同生态系统。协同生态系统包含数字生态系统、场所生态系统、员工生态系统，能够促进企业各部门之间积极沟通，建立融洽的关系，提高工作效率。同时，该功能利用基于模型的定义（model based definition，MBD）搭建产品研发模型和客户消费模型，提高产品研发效率和质量，加速概念验证。

**6. 客户连接**

客户连接功能使供应链和客户需求对接，通过收集、分析客户使用产品的数据，追踪产品状态，为客户提供自助服务平台和定制化体验，必要时还可以为客户提供现场服务。该功能可以强化企业与客户之间的联系，提升客户对企业的好感度，增强客户黏性。

DCM 是推动供应链数智化转型战略顺利落地的必备工具，企业可以根据自身情况，利用该模型优化供应链组织架构，提升供应链运作效率。

### 3.3.3　加强监管，逐步驱动战略落地

加强监管对推动数智化供应链战略落地至关重要。监管能够确保供应链数智化转型的合规性，保障供应链的稳定和可持续性，并为企业和消费者提供必要的保障。在推动战略逐步落地的过程中，企业需要做好以下几个方面：

（1）制订明确的数智化转型计划。企业应该制定详细的数智化转型路线，包括技术选型、数据整合、流程优化等方面。这个计划应该明确目标、完成时间和预期效果，确保转型有序推进。

（2）强化数据安全和隐私保护。在供应链数智化转型过程中，企业必须

确保数据的安全性和客户隐私不被侵犯。这包括制定严格的数据加密标准、访问控制机制和数据备份策略。同时,应遵守相关法律法规,确保合规性。

(3)建立跨部门协同机制。数智化供应链涉及多个部门,如采购、生产、销售等。企业需要建立跨部门协同机制,确保信息流畅、资源共享,避免信息孤岛。此外,企业也可以通过定期会议、共享平台等方式促进部门间的沟通合作。

(4)引入先进的数智化技术。企业需要根据自身实际需求,引入合适的数智化技术,如物联网、人工智能等。这些技术可以帮助企业实现供应链的可视化、自动化和智能化,提高供应链效率和响应速度。

(5)培养数智化人才。数智化供应链转型战略的落地需要具备相关技能的人才提供支持。企业应通过内部培训、外部招聘等方式,培训和引进具备数智化知识和技能的员工。同时,鼓励员工学习新技术,提升自身技能。

(6)持续监控和评估。构建数智化供应链是一个持续的过程。企业应建立监测和评估机制,定期检查数智化项目的进展和效果;通过收集反馈、分析数据,及时调整数智化转型策略,确保项目按计划推动并取得预期效果。

通过采取以上措施,企业可以加强监管,逐步推动数智化供应链转型战略落地。这将有助于企业在激烈的市场竞争中保持领先地位,实现可持续发展。

# 04

## 第 4 章
## 供应链运作模式数智化重构

　　传统的供应链运作模式存在信息透明度不足、流程复杂烦琐、响应速度缓慢等问题，已无法满足当今快速变化的市场需求。对此，企业需要借助大数据、人工智能等先进技术重构供应链运作模式，实现供应链的智能化、自动化和协同化，从而提升供应链的透明度和运作效率。

# 4.1 智能决策实现供应链数智化运作

随着技术的飞速发展,供应链决策的逻辑正在被重构,传统依赖于经验判断与直觉的决策正逐步让位于数据驱动、算法辅助的智能决策。在这一进程中,人工智能以其强大的数据处理能力和模式识别能力,成为供应链决策智能化的重要推手。智能决策系统具备实时监控与预警功能,能够及时发现潜在风险,并迅速干预,有效防范因信息不对称或决策滞后而导致的供应链中断。

## 4.1.1 供应链决策逻辑正在被重构

供应链决策是一个复杂的过程,需要综合考虑多个因素,包括供应链内部协调、外部环境以及市场变化等。而智能决策能够利用大数据、云计算等技术对这些因素进行高效的分析和处理,为供应链决策提供科学、精准的依据。

智能决策可以实现供应链决策的自动化和智能化。企业通过构建智能决策模型,可以让供应链自主地进行数据分析、作出决策,并快速给出指令,指挥各个环节协调工作。这不仅可以提高供应链决策的效率和智慧程度,还可以降低人为错误对供应链决策的影响。

智能决策能够重构传统供应链决策逻辑,具体表现在智能决策可以优化企业供应计划、精益生产计划和库存计划，提高整个供应链的运营效率，实现精益生产、智能库存管理，降低物流运输成本。

制造业是我国实体经济的支柱，发展历史悠久，产业结构庞大，供应链复杂度高。推动传统供应链实现数智化转型升级，成为众多制造企业在数字化时代实现高质量发展的必然选择。

在数智化浪潮下，传统供应链朝着更快响应市场需求、数据驱动、协同程度更高的方向发展。为了帮助制造企业在数字化时代实现供应链数智化转型并平稳度过转型期，杉数科技（北京）有限公司（以下简称杉数科技）于2023年3月推出了一个面向工业制造企业的智能决策平台——杉数数弈。基于这个平台，制造企业供应链的敏捷度与快速应变能力进一步提升，可以更好地满足市场需求。

智能决策在传统供应链优化和重构的过程中扮演着重要的角色，成为制造企业提升供应链管理能力的关键。而杉数数弈平台能够助力制造企业进行高水平的供应链管理，以形成自己的核心竞争力。

为了适配对应的场景，促进企业供应链管理战略真正在生产、运营等场景中落地，杉数数弈平台以智能决策为核心，实现数据驱动、场景融合和行业划分，形成了"计算引擎＋决策中台＋业务场景"的平台生态。由于不同企业有着不同的供应链管理和运营需求，因此杉数数弈平台深耕客户场景，从运营、创新等角度入手，为企业提供相应的供应链决策建议。

例如，杉数数弈平台基于智能算法和企业的业务发展情况，助力企业制定科学的数字化产销规划和多层次联动发展计划，为企业产销提供不同的决策选择。该平台还助力企业提高决策质量、跟踪计划实施过程，以对业务发展情况及决策实际执行效果进行动态监控，达到提升供应链管理效率的目标。

智能决策成为很多制造企业优化资源配置、变革传统供应链管理模式的利器,尤其是"链主"企业。在整合产业链上不同规模企业的生产、供应需求时,"链主"企业可以借助智能决策更好地发挥自己在供应链中的支撑引领作用,实现供需匹配、协同发展。

例如,"链主"企业可以从整个产业链的角度审视供应链的运营是否存在问题、企业之间的协作程度是否足够高等,从而进行相应的管理优化,使整个产业链有序运转、柔性更强。

随着人工智能、工业物联网等技术的发展和应用,供应链上企业之间的联系会更加紧密,智能决策在重构传统供应链决策逻辑方面的价值更加凸显。企业应积极拥抱智能决策,勇敢地迎接供应链数智化转型的挑战,实现创新发展。

## 4.1.2 人工智能辅助,供应链决策更智能

人工智能在处理和分析大规模数据方面发挥着关键的作用,使得供应链决策更加智能。

在需求预测方面,传统的方法往往依赖于历史数据和经验判断,存在一定的局限性。而人工智能可以整合多源数据,包括销售数据、市场趋势、天气变化、社交媒体信息等,从而更准确地预测市场需求。例如,通过分析社交媒体上消费者的讨论和评价,人工智能可以提前发现潜在的消费趋势,帮助企业及时调整生产和库存计划。

在库存管理方面,人工智能可以实现动态库存优化。通过实时监测库存水平、销售速度和补货周期等因素,人工智能可以自动计算出最佳的库存水平和补货时间,避免库存积压或缺货的情况发生。同时,人工智能还可以预测滞销品和畅销品,帮助企业合理调整库存结构,提高库存周转率。

人工智能还可以优化物流配送决策。利用大数据和机器学习算法,人工智能可以分析交通状况、运输成本、配送时间等因素,为物流配送提供最佳的路线规划和运输方式选择。例如,在城市配送中,人工智能可以根据实时交通信息和客户需求动态调整配送路线,提高配送效率,降低运输成本。同时,人工智能还可以实现智能仓储管理,通过自动化设备和机器人技术,提高仓库的存储和分拣效率。

在供应商管理方面,人工智能可以帮助企业评估供应商的绩效和风险。通过分析供应商的交货时间、产品质量、价格波动等数据,人工智能可以为企业提供供应商的综合评分和排名,帮助企业选择最优的供应商。同时,人工智能还可以预测供应商的风险,如供应中断、质量问题等,提前采取措施,降低供应链风险。

通过与企业的业务系统集成,人工智能可以实时监测供应链的运行状态,及时发现问题并提供解决方案。例如,当出现供应中断或需求突然增加的情况时,人工智能可以自动触发应急方案,调整生产计划、物流配送和库存管理等,确保供应链稳定运行。

### 4.1.3　随时干预,智能决策防范风险

供应链风险分为内部风险和外部风险两大类。内部风险主要源于企业日常经营和管理问题,如生产过程中的设备故障、资金流管理不当、数据丢失、网络攻击、员工流失等。外部风险则是外部环境变化引起的,如经济风险、自然灾害风险等。因此,建立有效的风险应对机制,以智能决策实现随时干预,成为防范风险的关键。

面对复杂多变的风险,企业需要制定合理、灵活的干预政策。首先,企业应建立健全风险预警机制,以及时发现潜在的风险。其次,针对不同类型

的风险,企业应采取预防、遏制和化解等不同手段,确保风险得到及时控制。最后,企业应建立快速响应机制,以便在风险发生时能够迅速采取措施,防止风险扩散和升级。

随着大数据、人工智能等技术的快速发展,企业可以运用这些先进技术手段实现智能决策,提升风险防范效果。数据分析可以深入挖掘风险背后的规律和趋势,为决策提供有力支持。同时,人工智能技术可以帮助企业建立风险预测模型,实现风险精准识别和预测,提高决策的精准性和时效性。

宝洁公司作为全球领先的消费品公司,在供应链管理方面采用了先进的智能化技术,以实现随时干预和智能决策,有效防范风险。

在监控与预警方面,宝洁公司建立了实时监控系统,一旦监测到供应链出现异常情况,如延迟供应、质量问题等,系统会自动发出预警,并及时通知相关部门采取行动。同时,系统还能够为供应链优化提供数据支持。通过对历史数据的分析,宝洁公司能够预测潜在的风险点,从而提前进行资源调配和计划调整。

比如,当发现某一地区的供应链延迟供应时,系统不仅能够立即发出预警,还能分析延迟的原因,如物流延迟、生产故障、市场需求波动等。基于这些分析,宝洁公司可以快速调整生产计划、物流路径以及销售策略,以最大限度地降低对客户的影响。

同时,宝洁公司的实时监控系统还集成了质量控制模块,一旦发现产品质量问题,系统能够迅速定位到问题的源头,并触发紧急应对措施。这不仅确保了产品质量的稳定,也大幅提高了宝洁公司对问题的响应速度。

在应急响应方面,针对可能出现的风险,宝洁公司制订了相应的应急响应计划。在风险发生时,宝洁公司能够迅速启动应急预案,如调整生产计划、寻找替代供应商、重新规划物流线路等。

在供应链协同方面,宝洁公司与供应商建立了紧密的合作关系,通过共享信息和资源,共同应对供应链存在的风险。这种协同作用有助于提高整个供应链的韧性。

宝洁公司通过引进智能化技术和制定风险管理措施,有效提升了供应链的灵活性和抗风险能力,确保了业务的连续性和产品的稳定供应。

总之,通过智能决策进行随时干预是防范风险的关键策略。通过制定合理、灵活的干预政策、运用先进的技术手段,企业可以更好地应对各类风险与挑战。

# 4.2　自动化＋平台化,提升供应链运作效率

在竞争激烈的市场环境中,企业面临巨大的压力,需要不断提高供应链的运作效率以保持竞争优势。自动化和平台化技术的应用成为企业提升供应链运作效率的重要手段。

## 4.2.1　机器人融入,自动完成重复性业务

当前,在数字化趋势下,不少企业都引入了传感器、工业机器人等智能设备,以自动完成重复性任务,打造自动化生产线,实现数字化生产。

以单车及运动装备品牌凯路仕为例,其在打造自动化生产线方面作出了许多探索。为了在单位时间内生产更多单车,凯路仕购置了一批自动化焊接机器人,以实现高效化、节能化的生产。

通过将焊接机器人和原有组装线结合,凯路仕的生产线每天能生产上万辆单车。凯路仕能实现生产效率大幅度提升的主要原因是用焊接机器人

代替工人。相较于工人,焊接机器人可以在保证产品质量的同时加快生产速度,而且不需要休息,可以一直工作。在生产过程中,焊接机器人被分为两组,一组焊接车架,另一组焊接前叉,等全部焊接完毕以后再进入涂漆、贴标、组装等环节。

在凯路仕的自动化生产线上,全自动的运输带是标配。通过运输带,已经焊接过的车架被送往涂漆、贴标、组装等环节。这样不仅便于工人操作,还可以将垂直空间充分利用起来,增加自行车的产量。

在生产单车时,凯路仕对产量提出了更高的要求,车架、前叉等的质量标准也非常严格。一般来说,焊接是比较耗费时间和精力的环节,会对产量造成非常严重的影响。因此,凯路仕不惜花重金优化这一环节,提升其自动化和智能化程度。

随着数字技术在生产场景中的应用,未来,自动化生产线将不断升级,实现更多环节的自动化。这不仅可以提高产品生产效率和质量,还能够解放人力,将工人从重复的运输、组装等工作中解放出来,转而专注于更重要、更具创造性的任务。

## 4.2.2　数智化作业平台实现业务一站式处理

基于数字化技术与智能化技术的深度融合,数智化作业平台应运而生,具备数据采集、处理及应用等核心功能。在供应链管理领域,数智化作业平台涵盖了供应链管理、企业资源规划及物流管理等多个维度。借助先进的工具和技术,企业能够实现供应链中物流、信息流及资金流的高效协同与整合,进而实现供应链业务的一站式处理。

目前,数智化作业平台在供应链管理中的价值日益明显。然而,在实际运用过程中,企业也面临一些挑战:首先,供应链业务一站式处理是一项复杂的工作,需要综合应用多种技术和工具;其次,数智化作业平台的运作离不开数据采集与处理,而数据的多样性与复杂性则为这一过程带来了不小的困难;最后,企业还须高度重视供应链安全与隐私保护问题,确保数智化平台应用的合规性与安全性。

为了实现供应链业务一站式处理,企业可以采用以下四种方法:

(1)应用数智化技术。企业可以运用先进的数智化技术,对供应链数据进行精准且高效的采集与处理程序。此过程可借助数智化作业平台内丰富的工具与技术资源得以实现。

(2)建立高效的沟通与协同机制。为了提升整体运营效率并保障供应链的稳定性,企业需要构建一套科学高效的沟通与协同机制,确保供应链各个环节的参与者能够顺畅地交换信息并协同工作。为此,企业需要充分利用数智化作业平台所提供的先进协作工具和通信工具,实现资源的优化配置和整体效益的最大化。

(3)实现全流程追踪。通过运用数智化作业平台中的工具,企业能够实现对供应链流程的全方位追踪与监控。这可以助力企业迅速识别并应对各类问题,进而提升运营效率并显著降低潜在风险。

(4)加强隐私保护。在应用数智化作业平台时,企业应高度重视并加强数据安全与隐私保护,以确保数据的完整性和保密性,严防数据泄露和不当利用。

总之,数智化作业平台在推动企业实现供应链业务一站式处理方面扮演着至关重要的角色。借助数智化作业平台的数字化和智能化技术,企业能够实现供应链的高效运作、全程追踪与监控,进而实现成本的有效控制和效率的大幅提升。

### 4.2.3　高科技物流产业园提升供应链运作效率

企业可以利用大数据、云计算、人工智能等现代信息技术建设高科技物流产业园,对货物进行实时追踪,从而提高物流效率与准确性。而且,通过建设高科技物流产业园,企业能够有效调配资源,提高资源利用率;利用大数据对物流数据进行分析,从而作出正确的物流管理决策。

北国商城股份有限公司(以下简称北国商城)是一家经营多年的老牌企业,主营业务众多,包括日用百货、仓储物流等。

为了实现物流数字化升级,北国商城建设了高科技物流产业园。该产业园由智慧物流运营中心、电器配送中心、铁路物资集散中心、生鲜及食品加工中心、常温配送中心、量贩式购物广场、电商物流城市集配仓七个模块组成,能够为北国商城的各个业务板块提供配套的供应链支持,并承接第三方业务,年货物配送额高达100亿元。

智慧物流运营中心居于七大模块之首,担当着整个园区的指挥中心角色,被誉为"智慧大脑"。其融合了多项关键系统,包括仓库管理系统(warehouse management system,WMS)、仓库控制系统(warehouse control system,WCS)、运输管理系统(transportation management system,TMS)、订单协同平台(order collaborative platform,OCP)、过程控制系统(process control system,PCS)、财务管理系统以及 ERP 系统。

通过 WCS、WMS 和 TMS 能够在作业监控面板上向人员和设备发出操作指令,促使物流园区的全部作业流程迈向机械化、系统化、信息化和透明化。订单信息首先从 ERP 系统或门户网站传输至 OCP 平台,OCP 则依据订单的类型向 WMS 或 PCS 发送操作指令。WMS 与 PCS 结合,借助 WCS 协调各类作业设备完成任务,随后 TMS 负责设计货物的装载策略和规划配送路径,确保货物顺利送达门店或客户手中。此外,门店或客户可以实时追踪订单的处理状态。

园区引进六大信息系统,实现全流程数据驱动作业。从货物的入库到出库,每一个环节都有精准的数据支撑,确保高效运作。高速输送分拣设备和装卸搬运设备的引入,大幅提高了物流作业的速度和准确性,让物流流程更加顺畅。

北国物流园以智慧运营、科技作业、高效运作为核心,全力发展五大产业:"高效仓储服务"确保货物存储安全有序;"精益配送服务"及时满足客户需求;"物流外包服务"为企业减负;"敏捷供应链服务"提升整体响应速度;"物流信息系统电子商务"则开拓了新的业务领域。

随着业务服务能力持续提升,北国物流园逐步面向社会需求开放物流服务,为众多企业提供涵盖一体化仓储配送、分拣以及公铁联运、载具租赁等全方位服务,涉及常温包装商品、生鲜农副产品、冷链商品等领域。与此同时,北国物流园还提供物流项目规划咨询和供应链管理咨询等综合性服务。

总体来说,北国商城通过打造高科技物流园,不仅提高了自身的运营效率和市场竞争力,也为整个行业树立了新的标杆。未来,随着技术的不断进步和应用场景的不断扩展,相信高科技物流园将发挥出更大的潜力。

## 4.2.4 丰田:将机器人融入生产系统

作为全球知名汽车制造商,丰田以先进的生产技术而闻名。近年来,丰田积极地探索将机器人融入生产系统,以提高生产效率和产品质量。

丰田的生产线已经高度自动化,大量机器人被集成到生产系统中,执行焊接、冲压、涂装等重复性和高精度的工作。这些机器人可以 7×24 小时不间断工作,大幅提高了生产效率和产量。

丰田在其车身车间使用了大量的焊接机器人,它们能够精确地完成车身焊接工作,提高了焊接质量并减少了缺陷。此外,丰田还开发了"Partner Robot"(伙伴机器人),它们可以与人并肩工作,协助完成组装任务。这些机器人具有高度的灵活性和适应性,能够根据不同的生产需求进行编程和调整。

丰田在其物流系统中采用车辆自助搬运机器人,这种搬运机器人配有先进的传感器和导航系统,能够在没有人工驾驶的情况下自主导航和搬运车辆。它们能够在工厂内部的不同区域之间移动,包括生产车间、装配线以及仓库。车辆自助搬运机器人的应用使丰田减少了对叉车司机的依赖,不仅降低了人力成本,还提高了搬运过程的安全性和效率。

尽管机器人能够执行很多任务,但在某些情况下,人工干预仍然是必要的。丰田的生产线采用人机协同的模式,机器人负责执行重复性任务,员工则负责监控生产过程、处理异常情况等。这种模式结合了人类和机器人的优势,不仅提高了生产效率与灵活性,还减轻了员工的身体负担,提高了工作安全性,使得员工可以专注于那些需要创造力、决策和灵活性的任务,如质量控制和问题解决。

丰田的生产系统以"精益生产"著称,强调根据市场需求进行定制化生产。通过将机器人与先进的生产管理系统相结合,丰田可以根据客户需求快速调整生产线,生产不同型号和配置的汽车。这种高度灵活的生产方式有助于减少库存和浪费,并提高客户满意度。

机器人具有高精度和高一致性的特点,可以在生产过程中进行精确的质量控制。丰田的机器人配置了各种传感器和检测设备,可以在生产过程中实时监控产品质量,并及时发现潜在问题。这有助于确保产品质量的一致性和稳定性。

总之,丰田通过将机器人融入生产系统,实现了自动化、人机协同、定制

化生产等多方面的优势。这不仅提高了生产效率和产品质量,也提高了丰
田汽车在全球市场的竞争力。

# 4.3 数智化变革驱动供应链运作模式迭代

数智化变革是供应链运作模式迭代的重要驱动力。企业通过数智化连
接和管理,实现多环节业务要素的连接和业务全流程的实时管理。企业需
要紧跟时代步伐,不断提升自身的数智化水平,实现供应链的高效协同和创
新发展。

## 4.3.1 数智化连接:聚合供应链实现各方的连接

数智化变革催生了一些供应链新模式,如聚合供应链。聚合供应链,即
集中整合多方供应链参与者,包括但不限于供应商、制造商、批发商与零售
商等,通过流程再造和系统重构,打造一个统一的供应网络。简单地说,聚
合供应链就是将很多供应商资源集中到一个系统中,为客户提供更多样化
的产品和服务。

聚合供应链可以实现智能化、集约化的供应链管理,有效连接供应链各
方,实现资源、信息和数据的实时共享,极大地提升供应链的运作效率、透明
度和灵活性。经过资源整合,聚合供应链消除了不同供应商之间的隔阂,使
供应链各方得以实现信息的自由流通与协同作业。在聚合供应链体系下,
供应商间的协作将更为紧密无间,运作重点如图 4.1 所示。

### 1. 数据共享与整合

各供应链参与者通过实时共享销售、库存水平、生产计划等关键数据信
息,实现供应链上下游信息的全面透明化。这不仅有助于提升供应链的响
应速度,更能提升决策的精确性。

图 4.1 聚合供应链运作的重点

**2. 合作伙伴选择和管理**

在聚合供应链中,企业需要根据自身的实际需求和战略目标选择合适的合作伙伴,并与其建立持久可靠的合作关系。此外,企业还要建立有效的绩效评估和管理机制,加强对合作伙伴的了解,与合作伙伴协同运作,共同探索新的业务机会。

**3. 实现数智化转型**

现代供应链的运作日益依赖于数智化技术的支持。为提升供应链的运作效率和数据处理能力,企业需积极采用先进的供应链管理系统、物联网技术以及人工智能等前沿科技。数智化转型为聚合供应链的运作注入强大动力,推动其不断迈向新的发展阶段。

例如,拼多多通过构建聚合供应链,有效实现了迅猛增长。作为国内领先的互联网电商平台,拼多多积极整合多方供应商资源,为用户带来了更加多样化和丰富的商品选择。与此同时,该模式也为供应商拓展了更广阔的市场空间,实现了销售额的大幅提升。值得一提的是,拼多多的聚合供应链模式不仅显著降低了运营成本,更在提升运营效率和灵活性方面表现出色。

作为一种高效且先进的供应链模式,聚合供应链在现代企业发展中扮演了至关重要的角色,成为企业获取市场竞争优势的关键因素。随着数智化技术的日新月异和全球市场的联系日益紧密,聚合供应链将持续发展并不断完善,以适应市场的多元化需求,并为企业创造更大的商业价值。

## 4.3.2 数智化管理：业务全流程实时管理

数智化供应链集成了大数据、物联网、人工智能等尖端技术以及 ERP、产品生命周期管理（product lifecycle management，PLM）、客户关系管理（customer relationship management，CRM）、供应商关系管理（supplier relationship management，SRM）等多种系统，如图 4.2 所示，能够实现供应链业务全流程的实时监控和管理。数智化供应链旨在提高供应链的透明度、响应速度和灵活性，不仅降低了成本，还增强了企业的核心竞争力。

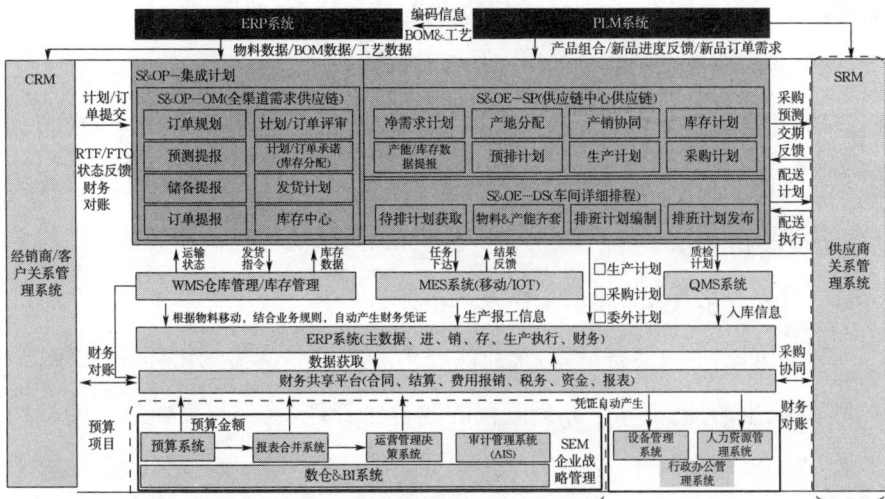

图 4.2 集成供应链核心系统架构

想要实现对供应链业务全流程的实时管理，企业需要采取以下措施：

（1）构建一个高效的数智化管理平台。该平台需确保各业务环节的数据得以有效整合，并实现数据的实时、精准共享，以支撑全流程监控与管理。经过数据的整合与互通，各部门及合作伙伴得以协同访问与深度分析数据，从而优化供应链各环节的决策与实施。该平台可运用数智化技术，保证数据的安全性、稳定性以及智能化处理能力。

（2）对采购、生产和销售等关键环节的流程进行优化和标准化。这要求企业对现有流程进行全面深入的分析和评估,以识别存在的瓶颈和改进空间,并提出具有针对性的改善措施。基于此,企业可以进一步提升流程效率,确保业务运作的顺畅和高效。例如,企业可以通过精简流程步骤、削减多余环节、合理配置资源等举措,有效提升供应链流程运作的效率与质量;建立一套科学规范的流程与操作准则,确保各工作环节之间协调顺畅。

(3)跨部门沟通与协作是供应链数智化管理不可或缺的重要环节。为了推进各部门间的信息交流与协同作业,企业应构建有效的跨部门协作机制及沟通渠道。此外,企业应运用协同工具与技术,如项目管理软件、在线会议平台等,有效推动实时的协同作业与沟通。

(4)注重组织文化塑造及员工培训。数智化管理要求员工具备数智化思维和技能,因此企业需要制订一系列培训与教育计划。这些计划旨在为员工提供必要的技术培训,同时培养他们的思维,确保他们能够快速适应并有效应对数智化管理带来的工作方式和需求变革。

综上所述,通过这些措施,企业能够更好地应对市场变化,保持竞争力,实现采购、生产、销售等业务全流程的数智化管理,从而提高供应链管理的效率、准确性和灵活性。

# 05

## 第 5 章

## 制订科学高效的供应链计划

在当今全球经济一体化的背景下，企业的竞争已经不仅仅局限于产品或服务的质量、价格等单一因素，而是上升到整个供应链的竞争。因此，制订科学高效的供应链计划对于企业的成功至关重要。本章将解析供应链计划五大活动、完善供应链计划的步骤和供应链计划数智化管理的方法，帮助企业制订科学高效的供应链计划。

# 5.1 供应链计划业务流程及五大活动

供应链计划指的是对整个供应链中的各项活动进行全面的规划、协调和控制。供应链计划五大活动包括需求预测、采购计划、生产计划、物流计划、库存补给计划。通过有效地执行这五大活动并借助数字技术和智能供应链的支持,企业可以提高经营效益并应对未来的挑战。

## 5.1.1 供应链计划的业务流程

在了解供应链计划的五大活动之前,首先需要了解供应链计划的业务流程,如图 5.1 所示。

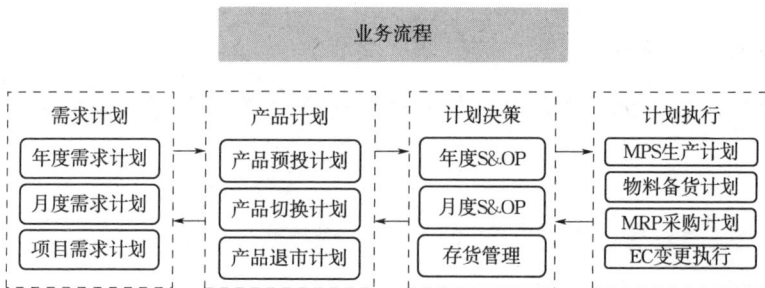

图 5.1 供应链计划的业务流程

**1. 需求计划**

需求计划是供应链计划的起点。年度需求计划为企业提供了长期的需求展望,通过对市场趋势、历史销售数据以及行业发展的分析,预测一整年的需求。月度需求计划则在年度需求计划的基础上进行细化,根据近期的销售动态和市场变化制订。而项目需求计划针对特定的项目或客户订单,具有很强的针对性和时效性。

**2. 产品计划**

产品计划同样不可或缺。产品预投计划是指在产品正式推出之前,企业为了确定市场需求、筹集资金以及优化产品而制订的一系列策略和行动计划,确保产品在正式上市前能够获得足够的市场关注度和资金支持,同时根据市场反馈改进产品,提高产品的市场竞争力。产品切换计划则负责在新产品推出或旧产品升级时,实现新老产品平稳过渡,确保切换过程的高效性和低成本。产品退市计划针对那些不再具有竞争力或生命周期结束的产品,实现有序退出,以避免库存积压和资源浪费。

**3. 计划决策**

计划决策环节中的年度销售与运营计划(sales & operations planning,S&OP)和月度 S&OP 是关键。年度 S&OP 整合了销售、生产、采购等各个部门的计划,协调资源分配,确保企业的战略目标得以实现。月度 S&OP 则更加注重短期的运营调整,根据实际情况对生产和库存进行优化。存货管理也是计划决策的重要部分,通过合理控制库存水平,既能满足客户需求,又能降低库存成本。

**4. 计划执行**

计划执行是将计划转化为实际行动的阶段。主生产计划(master production schedule,MPS)根据需求计划确定生产的数量和时间安排,确保产品按时交付。物料备货计划则确保提前准备好生产所需的原材料和零部件,避免因物料短缺而影响生产进度。物资需求计划(material requirement planning,MRP)根据物料需求和库存情况制定采购清单,确保物料及时供应。工程变更(engineering change,EC)负责处理产品设计或生产工艺的变更,确保变更能够顺利实施,同时最小化对供应链的影响。

总之,供应链计划的业务流程是一个复杂而又相互关联的系统。通过有效的需求计划、产品计划、计划决策和执行,企业可以提高运营效率、降低成本、增强竞争力。

### 5.1.2 需求预测:关注历史数据与市场趋势

准确地预测需求不仅有助于企业提前规划采购和生产,避免库存不足和订单延迟,还能为企业提供深入的市场洞察,帮助企业制定更为精准的市场策略。而准确地预测需求建立在对历史数据和市场趋势的深入分析之上。

历史数据是需求预测的基础。通过对历史销售数据、市场需求、客户行为等数据的分析,企业可以了解产品或服务的销售周期、季节性需求变化、客户偏好等信息。这些信息对于预测未来的市场需求具有重要的参考价值。

然而,仅依赖历史数据进行需求预测是不够的。市场是不断变化的,新的竞争对手、新的客户需求、新的政策法规等都可能影响市场需求。因此,在进行需求预测时,企业还需要关注市场趋势。企业可以通过多种渠道,如市场调研、行业报告等,了解市场的最新动态、政策法规的变化等。基于这些信息,企业可以更准确地预测未来的市场需求。

在进行需求预测时,企业需要将历史数据和市场趋势结合起来。通过对历史数据的分析,企业可以了解产品或服务的销售规律和客户需求的基本特征;而通过洞察市场趋势,企业可以了解市场的最新动态和未来发展的可能性。将这两者结合起来,企业可以更为准确、全面地预测未来需求。

以亚马逊为例,作为全球知名的电子商务公司,其供应链管理一直是业界的典范。亚马逊通过数智化管理实现了对历史数据的深入分析,从而更准确地预测市场需求,并据此调整供应链。

首先,亚马逊的供应链管理注重数据驱动。通过收集和分析大量的历史销售数据、客户行为数据以及市场趋势信息,亚马逊建立了一个高度精准的预测模型。这个模型不仅可以帮助亚马逊预测某一商品在未来一段时间内的需求量,还能预测不同地域、不同客户群体的需求差异。这种精准的需求预测为亚马逊的库存管理、物流规划和产品定价提供了有力支持。

其次,亚马逊的供应链具有高度的灵活性和适应性。基于预测结果,亚马逊能够实时调整库存水平,避免出现库存积压或断货的情况。同时,通过与供应商、物流合作伙伴的紧密合作,亚马逊能够快速响应市场变化,确保商品在最短的时间内送达客户手中。这种快速响应的能力不仅提高了客户满意度,也增强了亚马逊在竞争激烈的市场中的竞争力。

总之,需求预测是供应链计划五大活动的关键组成部分。通过对历史数据和市场趋势的深度洞察,企业可以进行更为准确、全面的需求预测,从而为采购、生产、物流和库存补给计划提供有力的支持。

### 5.1.3　采购计划:精细化采购降低成本

精细化采购不仅可以降低成本,还可以显著提高运营效率和盈利能力。想要实现精细化采购,首先,企业应对供应商进行全面的评估,包括价格、质量、交货期、服务等方面,从而选择最合适的供应商;其次,通过集中采购,企业可以扩大采购规模,从而获得价格优惠和额外服务;再次,企业通过与供应商建立长期合作关系,可以确保供应稳定,并争取到更优惠的价格和条款;最后,采用电子采购系统可以提高采购流程的透明度和效率,降低采购成本。

为了确保供应链稳定运行，企业还需要根据需求波动性设定合理的安全库存。同时，企业需要根据不同的物资属性和实际需求，采用不同的采购策略，如定期采购、批量采购等。此外，企业还可以通过引入先进的采购和供应链管理软件，提高采购和供应链管理的信息化水平，实现供应链数智化升级。

某知名制造企业运用数智化方法对采购流程进行了精细化改造，不仅提高了采购效率，还实现了显著的成本节约。

该企业建立了一个全面的数据分析平台，整合了来自供应链、销售、生产等多个部门的数据，为采购决策提供了支持。通过深入分析市场趋势、供应商表现以及产品需求，该企业能够更准确地预测未来的采购需求，从而避免了过度库存和资金占用。

在数据分析的基础上，该企业实施了智能化采购策略。例如，利用机器学习算法，该企业能够自动识别出最优的采购时机和批量，从而在价格谈判中占据有利地位。此外，该企业还引入了供应链金融服务，通过与金融机构合作，优化了支付条件，有效缓解了现金流压力。

除了采取智能化采购策略，该企业还注重供应链协同。通过与供应商建立紧密的合作关系，该企业与供应商实现了信息共享和风险共担。这种模式不仅提高了供应链的整体稳定性，还使得该企业在面对市场波动时能够迅速调整采购策略，确保生产需求得到满足。

在具体的操作层面，该企业还推行了电子采购系统。通过这个系统，采购流程变得更加透明和高效。员工可以在线下单、审批和跟踪订单状态，极大地减少了纸质文档的使用和人工处理的时间。同时，这个系统还具有供应商管理功能，使得供应商的选择和评估更加科学和公正。

通过采取以上措施,该企业实现了精准的需求预测,有效避免了库存积压,采购成本得到了显著降低。

总之,精细化采购可以帮助企业降低成本,显著提升运营效率和盈利能力。在实施过程中,企业需要关注市场变化、供应链稳定性等方面的问题。同时,企业需要加强技术和管理支持,提升采购与供应链管理的专业化水平。

### 5.1.4　生产计划:优中选优,确定最佳生产计划

在供应链管理中,生产计划是决定企业运营效率与盈利能力的关键。在众多生产计划中优中选优,企业能够实现显著的成本节约、交货时间缩短以及库存水平优化。

评估生产计划优劣的关键指标包括成本、交货时间和库存水平。首先,成本是评估生产计划的核心因素,涵盖原材料采购成本、生产制造成本、运输费用等;其次,交货时间关乎客户的满意度和企业信誉,延迟交货可能导致订单取消或罚款;最后,库存水平过高会导致仓储成本增加、资金占用,而库存过低则可能导致生产中断。

为了确定最佳生产计划,企业需要制定多种方案并进行对比分析,例如,可以采用线性规划等数学方法,对各种方案的成本、交货时间和库存水平进行量化评估。同时,企业需要结合实际情况和市场需求,选择最符合自身利益的方案。

根据企业发展状况和市场需求的变化,生产计划需要不断优化和调整。企业可以通过引入先进的生产管理系统,实现生产计划的实时监控和动态调整。同时,企业应结合数据分析、市场预测等手段,灵活调整生产资源和执行方式,以应对市场变化。

供应链生产计划需要具备持续改进能力,以适应市场变化。企业应建立敏捷、灵活且具备自我优化机制的供应链体系,通过持续改进生产流程、提高生产效率、减少浪费等措施,实现供应链的优化升级。

为了实现各环节高效协作,企业应加强内部各部门间的沟通协作与信息共享。企业可以通过构建跨部门协作机制,确保采购、生产、物流等各环节的顺畅衔接,提高整体运营效率。同时,企业可以通过加强员工培训和团队建设,提升员工的专业素养和协作能力。

在供应链管理方面,丰田生产系统(toyota production system,TPS)展示了如何通过精细化生产计划来优化整个供应链。TPS 的核心在于"just in time"(JIT)生产,即"及时生产",它强调按需生产,减少库存,提高效率。

丰田公司确定最佳生产计划时关注的要点如图 5.2 所示。

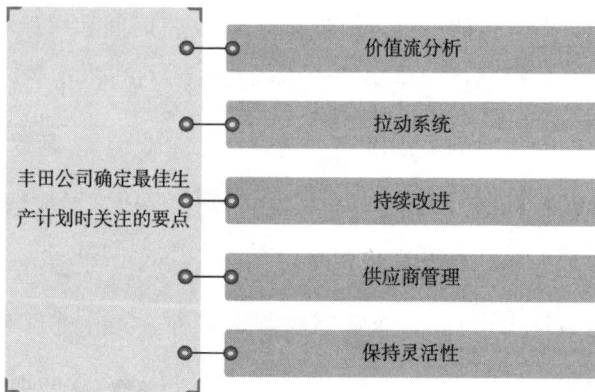

图 5.2　丰田公司确定最佳生产计划时关注的要点

## 1. 价值流分析

丰田公司首先进行价值流分析(value stream mapping,VSM),以识别生产过程中的浪费,包括过度生产、等待时间、不必要的运输、过度加工、库存积压等。VSM 帮助丰田公司了解从原材料到成品的每一步,并识别改进的机会。

**2. 拉动系统**

在 JIT 生产体系中,生产是由最终需求拉动的,而不是由预测推动的。丰田公司通过拉动系统(如看板系统)来控制生产节奏,确保只有在需要时才生产产品,从而减少了库存成本。

**3. 持续改进**

丰田公司实施"Kaizen"(持续改进)文化,鼓励员工不断寻找改进生产流程的方法。这种文化促使丰田不断优化生产计划,以提高生产效率和产品质量。

**4. 供应商管理**

丰田公司与供应商建立了紧密的合作关系,通过 JIT 采购,确保原材料的及时供应,同时减少了库存成本。丰田公司还与供应商共同工作,帮助他们提高生产效率,以支持整个供应链的优化。

**5. 保持灵活性**

虽然生产强调效率,但丰田公司也认识到市场变化的不确定性。因此,丰田公司在生产计划中保留了一定的灵活性,以便在需求变化时快速调整。

通过关注以上要点,丰田公司不仅优化了生产计划,还提高了整个供应链的效率。这种精细化的生产计划使得丰田公司能够在保持低库存的同时,快速响应市场变化,从而在竞争中保持优势地位。

综上,企业可以通过权衡成本、交货时间和库存水平等指标,比较多种生产计划,从而确定最佳的生产计划,实现运营效率的提升和盈利能力的增强。

## 5.1.5 物流计划:优化物流资源配置,提升物流效率

很多企业的物流资源分配往往存在不合理的现象,如仓库管理不善、运

输方式选择不当等。为了优化物流资源配置,企业需要对现有的物流资源(包括仓库、运输设备、信息系统以及人力资源等)进行全面评估,识别出资源冗余、低效利用或瓶颈环节,并采取相应的措施进行整合和优化配置。例如,通过合并仓库、优化运输路线、升级信息系统以及提高员工技能等方式,实现资源的最大化利用。

供应链物流计划的首要任务是精准匹配市场需求与物流资源供给。这要求企业具备强大的市场洞察能力和数据分析能力,能够准确预测市场需求,并根据需求波动灵活调整物流资源的配置。例如,在销售旺季,企业可能需要增加仓储容量和运输车辆,以满足激增的订单需求;而在淡季,则可以通过减少库存、优化运输路线等方式降低成本。

为了实现这一目标,企业需要建立一套完善的供应链管理系统,实时跟踪库存状态、运输进度和市场需求变化,以便及时调整。同时,企业还应与供应商、承运商等合作伙伴建立紧密的合作关系,共同制订物流计划,实现资源共享和风险共担,从而提高物流资源的利用效率。

企业还可以加强仓库管理,通过引入智能化仓储系统,提高库存周转率,降低库存成本;根据货物的特性和运输需求,选择最合适的运输方式,降低运输成本;通过信息集成和共享,完善信息管理系统,提高物流运作的透明度和协同效率。

技术应用与创新对提升供应链物流效率具有重要影响。随着信息技术的快速发展,利用先进技术,企业可以使供应链物流变得更加智能化、自动化。例如,一些先进的物流企业通过整合线上线下资源,构建高效便捷的物流网络,大幅提高了物流效率。同时,它们还在管理模式上进行了创新,如采用共享经济模式,通过共享仓库、车辆等资源,有效降低了物流成本。

例如,戴尔公司通过实施精细化的库存管理,实现了库存周转的高效运作,确保库存量始终处于最佳水平。在运输管理方面,戴尔也采取了优化措施,在物流配送中采用了一系列先进的模式,如智能仓储、夜间配送、直达送货等。这些模式不仅满足了客户的个性化需求,还提高了定制化服务能力。通过直达送货,戴尔能够直接将产品送达客户手中,减少了配送的中间环节,提高了配送效率。

## 5.1.6　库存补给计划:避免缺货或库存过剩

库存管理是企业日常运营中重要的一部分。在实际销售过程中,企业可能会遇到意想不到的销售良机。在这种情况下,如果企业的库存管理出现问题,无法及时提供充足的产品,那么企业就有可能错失良机。

企业在制定库存管理目标时,应充分考虑自身的经营特点和市场需求。长期目标应关注库存成本、库存周转率等指标,以持续降低库存成本、提高库存利用率。短期目标则应根据市场需求和产能状况来制定,以合理调整库存水平。

在库存管理方面,企业可以采用先进的库存管理方法,例如,先进先出和后进先出库存管理。先进先出即先入库的货物先出库,有助于确保产品的新鲜度和质量。后进先出则是后入库的货物先出库,通常适用于采购成本短期内有显著波动的商品,或当企业希望降低期末存货成本时。

为了避免出现缺货或库存过剩的问题,企业可以结合实际需求,制定智能补货策略。例如,当企业的库存量低于安全库存时,系统自动触发补货计划,确保库存稳定;根据销售数据和库存周转率,动态调整补货数量,避免库存过剩。

企业还可借助先进的库存管理系统,有效避免缺货与库存过剩的风险。积加 ERP 系统利用专业的大数据算法进行库存管理,能够基于历史销售数据、市场趋势、季节因素等进行分析，帮助企业精准预测市场需求，设定合理的库存水平。通过积加 ERP 的实时库存监控功能，企业可以随时查看库存量、库存分布、库存周转率等数据，及时发现库存异常并采取相应措施。结合需求预测和实时库存监控功能，企业可以制定智能补货策略，当库存量低于安全库存时，系统会自动触发补货提醒，确保库存稳定。

总之，运用先进的库存管理方法对提升企业的整体竞争力具有重要意义。通过结合实际情况选择合适的库存管理方法，并充分利用现代科技手段进行辅助管理，企业可以实现库存优化、降低成本、提高效率，为持续发展奠定坚实基础。

# 5.2　四大步骤完善供应链计划

在现代商业环境中，供应链计划是企业成功的关键因素之一。一个完善的供应链计划可以帮助企业优化资源分配，提高运营效率，降低成本，并增强市场竞争力。下面将介绍完善供应链计划的四个关键步骤，确保企业能够持续稳定地发展。

## 5.2.1　明确目标：锚定制订计划的目标

制订供应链计划的目标是确保企业的运营顺畅、高效，并最大限度地降低风险和成本。这个目标可以分解为以下几个方面：

（1）供应链计划要确保企业的生产和运营活动得以顺利进行。这包括确保原材料、零部件和产品的供应及时、稳定，以及确保生产和物流等环节的协调顺畅。通过合理的供应链计划，企业可以优化资源配置，提高生产效率和物流效率,从而实现整体运营目标。

(2)供应链计划的目标是降低企业的成本和风险。在供应链管理中,各种成本和风险是不可避免的。然而,通过制订合理的供应链计划,企业可以更好地预测和管理这些成本和风险,并采取相应的措施来降低。例如,通过合理的采购策略和库存管理策略,企业可以降低库存成本和缺货风险;通过合理的物流策略和运输管理策略,企业可以降低运输成本和延误风险。

(3)在竞争日益激烈的市场环境下,供应链管理能力对企业的重要性不言而喻,是构成企业核心竞争力的关键组成部分。通过制订合理的供应链计划,企业可以优化供应链的结构和流程,提高供应链的可靠性和灵活性,从而更好地满足市场需求和客户期望。这将有助于提高企业的市场地位和品牌价值,为其长期发展奠定坚实的基础。

综上所述,明确制订供应链计划的目标是非常重要的。企业需要根据自身的实际情况和市场环境制订合理的供应链计划,以确保运营顺畅、高效,并最大限度地降低风险和成本。这将有助于提高企业的竞争力和市场地位,为其长期发展提供有力的支持。

## 5.2.2　收集数据:历史数据＋市场数据＋生产能力数据

精准的供应链计划能够确保企业在规定的时间,以最低的成本交付产品或服务,从而满足客户需求,提升客户满意度。数据为供应链计划提供了科学的依据和决策支持,使计划具有准确性、可行性。

### 1. 历史数据是完善供应链计划的基石

历史数据记录了企业过去的采购、生产、销售和库存等情况。通过分析历史采购数据,企业可以了解不同供应商的交货表现、价格波动以及产品质量稳定性。这有助于企业筛选出可靠的供应商,建立长期稳定的合作关系,降低采购风险。

历史生产数据则能揭示生产过程中的瓶颈和问题,如设备故障频率、生产周期波动等。通过对这些问题的深入分析,企业可以采取针对性的改进措施,提高生产效率和产品质量。同时,历史销售数据能够帮助企业把握市场需求的季节性变化、产品销售趋势以及客户购买行为。以此为依据,企业可以更加准确地预测未来的销售情况,合理安排生产和库存,避免库存积压或缺货现象的发生。

**2. 市场数据为供应链计划提供了前瞻性的视野**

市场数据包括行业趋势、竞争对手动态、消费者需求变化等。了解行业趋势,企业可以提前布局,抓住市场机遇。关注竞争对手动态,企业了解对手的供应链策略,从而借鉴其成功经验,改进自身的不足。此外,消费者需求变化是影响供应链计划的重要因素。通过市场调研和数据分析,企业可以了解消费者对产品功能、品质、价格和包装等方面的需求,进而调整产品设计和生产计划,满足消费者的个性化需求。

**3. 生产能力数据是确保供应链计划具备可行性的关键**

生产能力数据包括设备产能、工人技能水平、生产周期等。准确掌握设备产能有助于企业合理安排生产任务,避免过度生产或生产不足。了解工人技能水平,企业可以进行有针对性的培训和人员调配,提高生产效率。生产周期数据则有助于企业优化生产流程,缩短交货时间,提高客户满意度。

此外,在制订供应链计划时,还需要考虑到生产能力的弹性。当市场需求突然增加或减少时,企业能迅速调整生产能力以适应变化,对供应链的稳定性至关重要。

### 5.2.3 分析数据:借数字技术实现智能化分析

数字技术已成为推动企业供应链计划优化的关键因素。通过运用大数据、人工智能等先进技术,企业能够实现对供应链数据的智能化分析,从而提升运营效率、降低成本并增强市场竞争力。

在数字化时代,企业可以通过各种传感器、物联网设备等,实时收集供应链各环节的数据。这些数据包括企业的历史销售数据、市场数据、物流数据等,为企业的决策提供了丰富的信息资源。同时,借助云计算技术,企业可以整合分散数据并将其存储在云端,为后续的智能化分析奠定基础。

借助数字技术对供应链数据进行智能化分析,企业可以深入了解供应链的运作状况,发现潜在的问题和优化空间。例如,通过对销售数据的分析,企业可以了解市场需求和趋势,预测未来的销售情况,从而制订更加精准的库存计划和生产计划;通过深入分析物流数据,企业能够洞察运输环节中的瓶颈与潜在风险,从而优化运输路径和方式,实现物流效率提升与运输成本降低。

智能化数据分析还可以帮助企业实现供应链的实时监控和预警。通过设定关键指标和阈值,系统可以自动检测供应链中的异常情况,并及时发出警报,使企业能够迅速响应,降低供应链风险。

企业也可以利用人工智能算法对供应链数据进行深度挖掘和分析,从而为决策提供更加精准的建议。例如,通过运用机器学习算法,企业可以预测未来的市场趋势和客户需求,为产品开发和营销策略制定提供指导;通过运用优化算法,企业可以在满足客户需求的同时,实现供应链成本最小化。

许多企业已经成功运用数字技术完善了供应链计划。例如,通过运用大数据和人工智能技术分析历史销售数据,亚马逊可以预测未来的市场需求,提前规划库存和物流配送。这不仅提高了客户满意度,也降低了库存成本和物流成本。

再如,阿里巴巴作为全球领先的电商平台之一,通过运用大数据和云计算技术,实现了对供应链的实时监控和预警。通过对物流数据的分析,阿里巴巴可以优化运输路线和仓储布局,提高物流效率并降低物流成本。

数字技术为企业完善供应链计划提供了有力支持。通过运用大数据、人工智能等数字技术,企业可以实现对供应链数据的实时收集、整合和分析,从而优化供应链计划并提升运营效率。

### 5.2.4 形成计划并实施:注意效果监测

在明确目标、做好数据收集与分析工作后,企业就可以科学规划供应链计划,设计好需求计划、采购计划、生产计划等。

在供应链计划实施的过程中,效果监测是不可或缺的一环。这不仅关乎计划的执行效果,更直接影响到整个供应链的持续优化和竞争力的提升。

通过效果监测,企业可以实时了解供应链的运行状态,包括物流、资金流和信息流的流动情况。这有助于企业及时发现供应链中的问题,调整策略,确保供应链顺畅运行。通过对比实际执行情况与计划目标,企业可以评估供应链计划的有效性。如果实际执行效果不佳,企业应进行有针对性的改进。同时,企业可以在实践中不断优化供应链计划,提升计划的可行性和有效性。通过对供应链运行数据的监测,企业可以预测潜在的风险和问题,并提前制定相应的策略,降低供应链中断的风险。

为了实现有效的效果监测,企业需要建立完善的监测体系和流程。首先,企业要明确监测的目标和指标,确保监测的数据能够真实反映供应链的运行情况;其次,企业需要选择合适的监测方式和工具,如数据分析软件、物联网技术等,以提高监测的准确性和效率;最后,企业要建立定期反馈机制,确保监测结果能够及时传达给相关决策人员,以便及时调整和优化供应链计划。

随着供应链计划不断完善,企业还需要不断更新和完善效果监测体系。企业可以将先进技术引入监测体系,以提高监测的智能化和自动化水平。企业还应关注供应链的最新动态和趋势,以便及时调整和优化监测体系,确保供应链计划能够适应市场环境的变化。

总之,效果监测在供应链计划形成并实施的过程中具有重要的作用。通过效果监测,企业可以全面掌握供应链的运行状态,及时发现并解决问题,保证供应链的稳定运行和自身的持续发展。

## 5.3　供应链计划数智化管理

供应链计划数智化管理已经成为企业提升竞争力的重要手段。其中,信息化建设为供应链计划数智化管理奠定基础,实现数据的高效流通与共享。数字化手段则精准量化各项指标,让决策有据可依。而智能化应用通过大数据分析和人工智能算法,预测需求,优化库存,提升供应链计划的精度与效率。

### 5.3.1　信息化建设:建立集成的供应链管理系统

集成供应链管理是指通过整合内部和外部的资源和信息,实现供应链各环节的无缝对接,从而提高整体运营效率和市场竞争力。集成供应链管理的宗旨在于优化整个供应链的资源配置,通过精细化的协调与整合,确保供应链上下游企业的资源、信息与流程得以高效衔接,进而推动整个供应链的信息化建设迈上新台阶。

**1. 集成供应链管理的优势**

集成供应链管理的优势如图 5.3 所示。

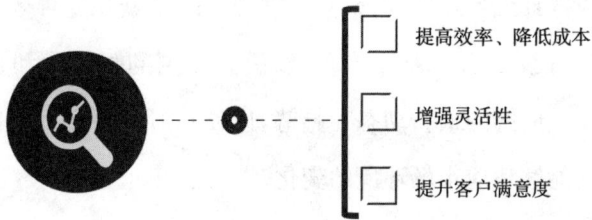

图 5.3　集成供应链管理的优势

（1）提高效率、降低成本。通过整合供应链各个环节，企业可以有效减少冗余和浪费，提高整体运营效率。自动化和智能化技术的应用可以进一步提高供应链的效率，减少人为错误。集成供应链管理可以帮助企业实现规模经济，降低采购成本和运输成本。

（2）增强灵活性。集成供应链管理可以帮助企业更快地适应市场需求的变化。通过灵活的生产计划和库存管理，企业可以快速调整生产线和库存水平，满足客户需求。

（3）提升客户满意度。集成供应链管理可以提高企业的响应速度和服务水平。通过提供更快、更准确、更个性化的服务，企业可以提高客户满意度和忠诚度。

**2. IT 系统流的作用**

在供应链信息化建设中，IT 系统流也发挥着重要作用。其中，高级计划与排程（advanced planning and scheduling，APS）系统、制造资源计划（manufacture resource plan，MRP）系统和供应商协同中心（supplier collaboration center，SCC）系统是 IT 系统流的关键组成部分，如图 5.4 所示。

APS 系统通过产销协同，整合销售预测与生产能力，实现精准的生产计划安排。它能够快速响应市场需求变化，确保产品供应与市场需求的高度匹配，避免库存积压或缺货情况发生。

MRP 系统负责计划分解与订单执行。它将主生产计划细化为具体的

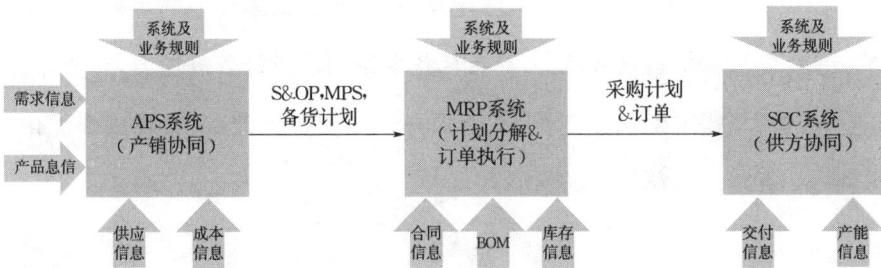

图 5.4　IT 系统流

物料需求计划,合理安排采购和生产订单,确保生产过程顺利进行。同时,MRP 系统能够实时跟踪订单执行状态,及时调整计划以应对各种突发情况。

SCC 系统加强了企业与供应商之间的合作。通过该系统,企业可以与供应商共享需求信息、生产计划等,实现协同采购和供货。这有助于提高供应链的响应速度,降低采购成本,保证原材料的稳定供应。

在制造业领域,手机制造企业通过先进的集成供应链管理策略,成功地将全球各地的供应商、制造商、物流公司和零售商紧密地连接在一起,形成了一个高效、灵活且能迅速响应的供应链网络。手机制造企业与全球的供应商建立了长期稳定的合作关系,通过严格的供应商评估和选择标准,确保供应商具备高品质、高效率的生产能力。

在医药领域,集成供应链管理的重要性也不容忽视。在传统的医药产业模式下,药品的生产、流通和销售环节相互独立,信息流通不畅,导致药品库存积压过多、物流配送效率低下等诸多问题。然而,通过采取集成供应链管理模式,企业可以利用先进的信息技术手段,实现药品全流程信息共享和管理,从而实时监控和灵活调度药品生产、销售和配送环节。这不仅显著提升了药品的物流配送效率和市场响应速度,还有效降低了库存积压和滞销风险,为医药行业的健康发展提供了有力支撑。

集成供应链管理,作为一种创新的供应链管理模式,已逐渐演变为企业提升供应链效率与降低成本的关键途径,日益受到众多企业的重视与应用。在当前竞争激烈的市场环境中,只有具备卓越的供应链管理能力,企业才能迅速应对市场需求的快速变化,不断提升产品质量与效率,实现成本优化,进而稳固并增强自身的市场竞争力。

### 5.3.2　数字化手段:数字化工具提升计划科学性

面对日益复杂的全球供应链环境,企业可以借助数字化手段,运用数字化工具提升供应链计划的科学性,为供应链管理带来新的解决方案。

**1. 数字化工具**

数字化工具主要包括以下几类:

(1)数据采集工具。如 RFID、传感器等,用于实时采集供应链各环节的数据。

(2)数据存储与管理工具。如数据库、数据仓库等,用于存储和管理海量数据。

(3)数据分析与预测工具。如大数据分析平台、AI 算法等,用于挖掘数据的潜在价值,预测市场趋势。

(4)决策支持工具。如 ERP 系统、SCM 系统等,用于整合数据,提供智能化决策支持。

**2. 数字化工具在供应链计划中的作用**

数字化工具通过以下几个方面提升供应链计划的科学性:

(1)数据驱动决策。数字化工具使企业能够收集和分析大量数据,为决策提供更准确、更全面的信息支持。数据驱动决策有助于企业避免盲目决策和主观臆断,提高决策的准确性和科学性。

(2)自动化与智能化。数字化工具的应用使企业能够实现供应链的自动化和智能化管理。通过自动化处理和分析数据,企业可以降低人为错误和运营成本,提高供应链的响应速度和灵活性。

(3)优化资源配置。数字化工具使企业能够更准确地掌握供应链各环节的资源需求和使用情况,从而优化资源配置。通过数据分析,企业可以发现资源浪费和低效使用的环节,提出改进措施,提高资源利用效率。

(4)增强风险管理能力。数字化工具使企业能够实时监测供应链的风险状况,包括市场风险、供应风险、物流风险等。通过数据分析,企业可以提前预警和应对潜在风险,降低供应链中断的风险和损失。

数字化手段,特别是数字化工具的应用,为提升供应链计划的科学性提供了强有力的支持。通过数据驱动决策、自动化与智能化管理、优化资源配置和增强风险管理能力,数字化工具使企业能够更准确地预测市场需求、优化生产计划、降低运营成本、提高整体效率。因此,企业应积极拥抱数字化,充分利用数字化工具提升供应链计划的科学性,以适应日益复杂和多变的市场环境。

### 5.3.3　智能化应用:智能技术提升计划精确性

随着科技的发展,智能技术已经成为供应链管理不可或缺的关键要素,显著提升了供应链计划的精确性。以医药行业为例,智能技术在医药供应链管理中的应用,逐渐成为行业变革的催化剂。

传统医药供应链业务端存在发票数量多但单张金额较小的问题,医院财务人员确权(确认交易的真实性和合法性)意愿较低,但是操作平台的要求极为严格,需要票证一一对应,操作流程烦琐且耗时,导致整体效率较为低下。然而,智能技术可以打通医药产业的上、中、下游,包括商流、资金流、信息流和物流等,进而构建一个全新的生态链系统。这一变革不仅提升了医药供应链的运作效率,还为行业的可持续发展奠定了坚实基础。

智能预测通过对历史销售数据、患者需求、疾病流行趋势等进行分析,可以预测未来的药品需求。这不仅有助于企业制订合理的生产计划,还能够避免库存积压或短缺的问题。智能规划技术可以帮助企业识别供应链中的问题和风险,从而提前采取措施进行调整,例如,通过对物流数据的分析,企业可以优化运输路径,减少运输成本与时间。

供应商的选择与评估对于确保医药产品的质量和安全性至关重要,直接关系到患者的生命健康。智能技术可以通过对供应商的信誉度、产品质量、交货能力、价格竞争力等多个维度进行综合分析,从而帮助医药企业筛选出符合要求的优质供应商。同时,通过对市场价格和供应商报价的数据进行分析,智能技术还可以帮助医药企业找到价格合理且具有竞争性的供应商,从而降低采购成本,提高整体供应链的效率。

在医药供应链物流与配送中,路线优化与运输规划占据着关键地位。由于药品的特殊性,运输环节对温度、湿度等环境条件的要求极为严格,以确保药品在整个运输过程中的质量和安全性。

智能路线优化技术基于先进的算法和实时数据,能够规划出最经济、最高效的运输路线。这不仅缩短了运输时间,减少了成本,还确保了药品能够更快地到达患者手中。而且智能运输规划系统能够实时监控运输过程中的温度、湿度等关键参数。通过与温度传感器、湿度传感器等设备连接,系统可以实时收集数据,并根据预设的安全参数范围进行预警或自动调整。

药品质量检测和溯源在医药供应链中占据着举足轻重的地位。这两个环节共同确保了药品的质量、安全性和有效性,保障了患者的生命健康。

通过运用智能技术,医药企业能够进一步优化和强化药品质量控制和监管。具体而言,智能技术在药品质量检测领域的应用,可以实现对海量数据和复杂图像的高效分析,从而精准识别出潜在的质量问题,如药品成分不达标、含有害物质等。同时,智能技术还可以实时监控药品质量,提供及时的质量预警,确保药品的安全性和有效性得到全面保障。智能技术的应用,无疑为医药企业提供了更加科学、高效的质量控制与监管手段。

在药品溯源方面,智能技术可以实现药品的高精度追踪。通过在药品生产、流通及销售的各个环节融入智能化的标识和追踪机制,系统能够实时记录并监控药品的生产进度、流向及销售情况。一旦药品出现质量问题,借助溯源系统,医药企业能够迅速锁定问题的根源,追溯到具体的生产批次及供应商,从而及时采取相应措施,确保患者的用药安全。

智能技术通过更高效的数据分析、更精细的预测、更优化的质量管理,显著提高了医药供应链的精准性和效率,推动了医药行业的变革。

### 5.3.4　菜鸟:推出数字供应链产品

在 2023 年全球智慧物流峰会上,菜鸟公司正式发布了高品质物流产品矩阵,包括优选仓配、智选仓配等产品。此外,菜鸟公司还首次展示了数字供应链产品"天机 π"。

菜鸟优选仓配产品融合了菜鸟自营仓与菜鸟速递配送体系,采取仓配一体化的全托管服务模式,提供半日达/次晨达、送货上门、延误赔付等物流解决方案,为行业树立了标杆。菜鸟智选仓配产品紧密结合了菜鸟自营仓与申通快递的配送网络,通过深度协同,以经济的仓配价格为商家提供次日达的配送服务。

"天机 π"是一款基于大模型的数字化供应链产品。其利用菜鸟的算法和基于大模型的生成式 AI 辅助决策,在销量预测、补货计划和库存监控等领域实现提质增效,推动物流供应链进入大模型时代。目前,"天机 π"已经在快消、零售、工业制造、汽车等多个行业得到了应用。

菜鸟推出的数字供应链产品能够帮助企业优化供应链管理。这些产品将运筹学、AI 和大数据相结合,能够自动输出基于销量预测的需求计划、基于全局优化的库存计划、基于智能分拨的补货计划以及基于运筹优化的生产计划与排程。通过使用菜鸟的数字供应链产品,企业在进行供应链管理时,可以实现从"没有计划"向"计划好不好"转变,从而提升供应链管理的效率和质量。

总体来说,菜鸟推出的数字供应链产品是创新的、智能化的供应链管理工具,能够帮助企业实现供应链管理优化和升级。

# 06

## 第 6 章

## 供应链订单全流程智能化管理

　　时下,供应链订单全流程智能化管理已成为企业提升竞争力、降低成本、提高效率不可或缺的一环。供应链订单全流程智能化管理意味着从订单的生成、处理、执行到最终交付的每一个环节,都能够通过先进的信息化系统实现自动化、智能化的管理。

# 6.1 供应链订单管理核心要点

供应链订单管理涵盖从企业接收客户需求到最终交付产品的全过程，包括订单接收、订单处理、订单跟踪和订单交付等环节。为了确保这些环节顺利进行，企业需要建立完善的订单管理流程和系统。

## 6.1.1 订单处理五大流程

供应链订单处理即从客户下单到最终产品交付的整个过程，如图6.1所示。一个高效、顺畅的订单处理流程不仅可以提高客户满意度，还能有效降低成本，提升企业的市场竞争力。

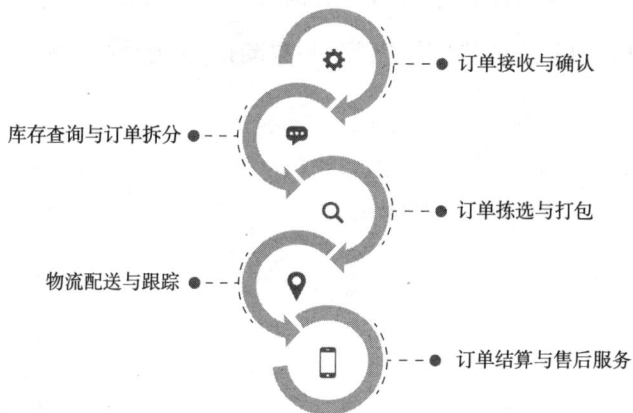

图6.1 订单处理的五大流程

**1. 订单接收与确认**

订单接收是订单处理的第一步,也是与客户建立直接联系的关键环节。通常,企业会通过电子商务平台、电话、邮件等多种渠道接收订单,并对订单的有效性进行验证。订单包括客户的基本信息、订购的产品、数量、价格、配送地址等信息。

在确认订单的有效性后,企业会向客户发送订单确认信息,以确保双方对订单内容的理解一致。这一步骤的重要性不言而喻,它直接关系到后续订单处理的准确性和效率。

**2. 库存查询与订单拆分**

在接收并确认订单后,企业需要对库存进行查询,以确定是否有足够的库存满足客户需求。如果库存不足,企业需要及时与客户沟通,协商解决方案,如延迟发货、部分发货或取消订单等。

对于包含多种产品的订单,企业可能需要进行订单拆分。这是因为不同产品的库存状况、生产周期、配送方式等可能有所不同,将订单拆分成多个子订单可以更好地满足客户需求,提高订单处理的灵活性。

**3. 订单拣选与打包**

在确认库存充足且订单无须拆分后,就进入订单拣选与打包阶段。这一阶段的主要任务是根据订单信息从仓库中拣选出客户所需的产品,并进行打包处理。为了提高拣选效率和准确性,许多企业会采用仓储管理系统和自动化拣选设备。

在打包过程中,企业需要根据产品的特性和客户的需求选择合适的包装材料和方法,以确保产品在运输过程中不被损坏。同时,企业还需要在包装上标明订单信息、配送地址等关键信息,以便后续的物流配送。

**4. 物流配送与跟踪**

完成订单拣选和打包后,企业会选择合适的物流渠道将产品送达客户手中。在这一过程中,企业需要对物流配送过程进行全程跟踪和监控,以确保产品能够按时、安全地送达客户。同时,企业还需要及时向客户提供物流信息,让客户了解订单的配送进度。

为了提高物流配送的效率和准确性,许多企业会采用先进的物流管理系统和技术手段,如智能配送路线规划、实时物流信息查询等。这些技术的应用不仅可以提高物流效率,还能为客户提供更好的购物体验。

**5. 订单结算与售后服务**

产品成功送达客户后,企业会与客户进行订单结算,完成整个订单处理流程。在结算过程中,企业需要确保支付方式的多样性和安全性,以满足不同客户的需求。同时,企业还需要对订单结算过程进行监控和管理,以防止出现支付纠纷或欺诈行为。

订单结算完成后,企业还需要提供完善的售后服务,以解决客户在使用过程中可能遇到的问题。售后服务的质量和效率直接关系到客户的满意度和忠诚度,因此企业需要高度重视售后服务。

总之,供应链订单处理是一个复杂的过程,涉及企业的多个部门和供应链的多个环节。通过深入了解和分析供应链订单处理的五大流程,企业可以更好地优化订单处理流程,提高客户满意度和市场竞争力。同时,企业还需要不断创新和改进订单处理流程和技术手段,以适应不断变化的客户需求。

## 6.1.2 定制化订单管理,满足客户个性化需求

如今,客户需求的个性化趋势日益明显,他们不再满足于标准化的产品和服务,而是追求更加独特、符合个人喜好的定制化产品。为了应对这一挑战,企业需要采用定制化订单管理策略。

定制化订单管理是一种基于客户需求,通过智能化手段对供应链进行管理和优化的方法。它不仅要求企业具备灵活的生产能力,还要有高效的订单处理系统,以确保第一时间满足客户的个性化需求。

实施定制化订单管理,需要企业深入了解客户的真实需求。通过市场调研、数据分析等手段,企业可以捕捉到客户的消费习惯、偏好以及潜在需求,为定制化生产提供有力的依据。同时,企业还需要建立一个强大的订单处理系统,能够实时接收、处理并反馈客户的订单信息,确保生产过程顺利进行。

想要实现定制化订单管理,企业可以采用以下方法:

(1)引入先进的订单管理系统。订单管理系统通常具备实时数据处理、智能分析预测等功能,能够帮助企业快速响应客户需求,提高订单处理效率。

(2)利用大数据和人工智能技术。通过收集和分析大量供应链数据,企业可以深入了解客户需求和市场趋势。借助人工智能技术,企业可以对这些数据进行挖掘和预测,为定制化订单管理提供有力支持。

(3)优化供应链资源配置。定制化订单管理需要对供应链资源进行优化配置。企业可以通过合理的资源配置,提高供应链的灵活性和响应速度,以满足客户的个性化需求。

定制化订单管理还要求企业加强与供应商、物流服务商等合作伙伴的协同合作。通过信息共享、风险共担等方式,企业可以构建稳定的供应链生态系统,与合作伙伴共同应对市场变化带来的挑战。

## 6.1.3　订单跟踪与评估,了解订单状态

智能管理系统的出现,为企业的订单跟踪提供了极大的便利。在传统

管理模式下，企业往往需要投入大量的人力和时间，通过手动方式跟踪订单状态，不仅效率低下，而且容易出错。而智能管理系统则通过集成先进的数据处理技术和算法，自动、实时地跟踪订单状态，涵盖订单生成、发货、运输、签收等各个环节。企业只需简单操作，就能轻松掌握订单的最新状态，大幅提高了订单管理的效率和准确性。

订单跟踪是智能管理系统的重要功能之一。通过该系统，企业可以实时了解订单在各个环节的状态，包括订单的生产进度、运输情况等。这有助于企业及时发现潜在问题，为决策提供有力支持。

在生产环节，智能管理系统可以通过数据分析预测生产进度，及时发现生产瓶颈，为企业调整生产计划提供依据。在运输环节，系统可以实时监控货物的运输情况，预测货物的到达时间，为企业的物流规划提供有力支持。

订单评估是对订单进行全面分析，以评估订单的价值和潜在风险。智能管理系统可以通过数据分析，对订单的价值进行量化评估，为企业制定销售策略提供参考。同时，系统还可以对订单的潜在风险进行预测和评估，帮助企业及时应对潜在风险，降低损失。

在订单价值评估方面，系统可以通过分析订单的规模、产品种类、客户信誉等因素，对订单的价值进行量化评估。在潜在风险评估方面，系统可以通过分析历史数据，识别潜在风险因素，如产品质量问题、交货延误等，为企业的风险预警和应对提供支持。

智能管理系统的出现为企业的订单跟踪与评估提供了强大的技术支持。它不仅提高了企业的运营效率和准确性，还帮助企业优化供应链流程，降低运营成本。更重要的是，智能管理系统为企业提供了丰富的数据支持，帮助企业作出更明智的决策，从而在激烈的市场竞争中抢得先机。

### 6.1.4　库存管理,基于订单合理规划库存

在库存方面,很多企业容易陷入两个误区:一是库存不足,导致订单无法及时交付,影响客户满意度,甚至导致客户流失;二是库存过多,占用大量资金,增加仓储成本,还可能引发产品过时、贬值的风险。

为了规避上面两个误区,企业要基于订单来合理规划库存。

**1. 企业需要建立精准的需求预测机制**

通过对历史订单数据的分析,结合市场趋势、季节变化、行业动态等因素,预测未来一段时间内的订单量。企业可以利用数据分析工具和模型,提高预测的准确性,为库存规划提供可靠依据。例如,一家电子产品企业分析过往几年不同季节对各类产品的需求变化,在旺季来临前提前准备充足的库存,避免因缺货而损失销售机会。

**2. 实行分类管理库存策略**

根据订单的特点和产品的重要性,将库存产品分为不同类别。高销量、高需求的产品应保持较高的库存水平,以及时满足订单需求;低销量、低需求的产品应保持低库存水平,甚至可以采用按需生产的方式,降低库存成本。对于一些关键零部件或原材料,企业可以建立安全库存,以应对突发情况和供应中断的风险。

**3. 与供应商建立紧密的合作关系**

企业应及时共享订单信息和库存状况,让供应商能够更好地配合自己的生产计划。通过与供应商协商合理的交货周期和采购批量,企业可以优化库存水平。例如,企业可以与供应商签订长期合作协议,争取更优惠的价格和更灵活的交货方式,在保证供应的同时降低库存成本。

**4. 企业要重视库存的周转效率**

通过合理的库存管理,加快库存的周转速度,减少库存积压。定期对库

存进行盘点和清理,处理滞销产品和过期产品,释放资金和仓储空间。同时,鼓励销售部门积极推广库存产品,制定合理的促销策略,提高库存的流动性。

# 6.2 优化供应链订单管理的策略

有效的订单管理不仅可以提高客户满意度,还能降低库存成本、优化资源配置。订单信息共享能够打破信息壁垒,实现订单快速处理,提升响应速度。供应链协同则进一步强化合作,使各环节紧密相连,极大地提升订单管理的灵活性。产品可供应性设计则是从源头出发,确保产品在供应链中的高效流通。这一系列策略将助力企业在复杂多变的市场中脱颖而出,打造高效、敏捷的供应链。

## 6.2.1 订单信息共享,实现快速处理

订单信息共享能够提高订单处理的速度和准确性,减少错误和重复工作,降低成本,提升客户满意度。实现订单信息共享,可以让供应链各环节的参与者实时了解订单状态,从而更好地协调生产、配送和库存管理等活动。

企业可以采取以下措施实现订单信息共享:

**1. 建立统一的信息平台**

统一的信息平台可以整合企业内部各个部门的订单数据,如销售、生产、采购、物流等,同时也能够与外部供应商、合作伙伴和客户进行信息交互。通过这个平台,各方可以随时查看订单的详细信息,包括订单数量、产

品规格、交货日期等。企业可以选择使用专业的供应链管理软件来搭建这个平台,确保其稳定性和安全性。

**2. 加强内部沟通与协作**

企业内部各部门之间应该建立良好的沟通机制,及时分享订单信息。销售部门在接到订单后,应立即将订单信息传递给采购、生产、物流等部门,以便他们做好相应的准备工作。生产部门可以根据订单信息合理安排生产计划,确保按时交付产品。采购部门则可以根据订单需求及时采购原材料和零部件。物流部门可以提前规划配送路线,提高配送效率。

**3. 与供应商和合作伙伴实现信息共享**

企业可以借助 EDI 系统与供应商之间实现订单信息的自动传输。这样,供应商可以及时了解企业的订单需求,提前准备原材料和生产零部件。同时,企业也可以通过 EDI 系统接收供应商的发货通知和库存信息,以便更好地管理库存。与合作伙伴之间也可以通过信息平台共享订单信息,共同协调物流配送和库存管理等活动。

**4. 培训员工**

企业应该对员工进行相关的培训,让他们了解订单信息共享的重要性和操作方法。员工应该熟悉信息平台的使用方法,能够准确地输入和查询订单信息。同时,企业还应该建立相应的考核机制,激励员工积极参与订单信息共享工作。

总之,企业通过建立统一信息平台、加强内部沟通协作、与供应商和合作伙伴实现信息共享以及培训员工等策略,可以实现订单信息共享,提高订单处理速度,优化供应链订单管理。

## 6.2.2　供应链协同,提升订单管理灵活性

供应链协同是指供应链中的各个环节通过合作、协调和整合资源,实现

整个供应链效率和效益最大化。在现代企业竞争日益激烈的背景下,供应链协同已成为企业提升竞争力的重要手段。通过供应链协同,企业可以更有效地整合资源、优化流程、提高响应速度,从而提升订单管理的灵活性。

**1. 供应链协同的作用**

在订单管理中,供应链协同至关重要。通过各部门之间的紧密协作,企业可以更加灵活地应对各种订单需求和变化,实现订单的快速处理和交付。供应链协同的精髓在于实时数据共享和协同决策,这有助于企业及时发现订单异常和延误情况,并采取相应的补救措施。

供应链协同还可以提高企业的客户服务水平。当客户遇到问题时,企业可以迅速响应,提供满意的解决方案。这种高效的服务态度有助于企业树立良好的口碑,进一步扩大市场份额。

**2. 提升订单管理灵活性的方法**

通过供应链协同提升订单管理灵活性的方法有以下几种:

(1)建立敏捷的组织架构。通过调整组织架构,提高企业内部沟通和决策效率,使企业能够迅速应对市场变化。

(2)加强信息系统建设。利用先进的信息技术,实现供应链各环节的信息共享,提高订单处理速度和准确性。

(3)优化生产计划和库存管理。通过协同生产和库存规划,降低库存成本,提高企业对市场需求的响应能力。

(4)深化供应链合作伙伴关系。与供应链合作伙伴建立长期稳定的合作关系,共同应对市场波动,提高订单管理灵活性。

总之,供应链协同能够显著提升订单管理的灵活性。企业可以通过优化组织架构、加强信息系统建设、优化生产计划和库存管理、深化供应链合作伙伴关系等措施,不断提高订单管理灵活性,以应对市场变化,提升竞争力。

### 6.2.3　产品可供应性设计,实现系统优化

产品可供应性设计是企业供应链管理中至关重要的环节,它涵盖了多个方面,包括产品可制造性设计(design for manufacturing,DFM)、器件归一化、延迟制造以及产品可维修性设计(design for serviceability,DFS)。通过这些策略,企业可以实现供应链订单管理系统的优化,降低成本,提高生产效率,并确保产品质量和客户满意度。

**1. 产品可制造性设计**

产品可制造性设计是指在产品设计阶段,充分考虑制造过程的可行性、高效性和低成本。通过对产品结构、材料、工艺等方面进行优化,以提高制造效率和产品质量,降低生产成本和废品率。

产品可制造性设计的方法有以下几个:

(1)简化产品结构。通过减少零件数量、降低装配复杂度,提高产品的可制造性。

(2)选用合适的材料。选择成本低、性能优良的材料,以降低产品制造成本。

(3)优化工艺路线。合理安排生产工艺,以提高生产效率。

(4)考虑生产线布局。合理规划生产线,减少生产过程中的运输和等待时间。

**2. 器件归一化**

器件归一化是指在产品设计中,采用标准化的器件和模块,以提高产品的兼容性、可替换性和维修性。

器件归一化有以下优点:

(1)降低采购成本。通过大规模采购,获得更优惠的采购价格。

(2)优化库存管理。减少多种器件的库存,降低库存成本。

(3)提高维修效率。采用标准化器件,便于故障诊断和快速更换。

### 3. 延迟制造

延迟制造是一种灵活的生产策略,通过推迟产品生产过程中的部分工艺或组件制造,以适应市场需求变化。

延迟制造有以下优点:

(1)降低生产风险。减少预生产阶段的投入,降低市场变化带来的风险。

(2)提高生产效率。根据市场需求动态调整生产计划和产能。

(3)提高客户满意度。快速响应市场变化,满足客户定制化需求。

### 4. 产品可维修性设计

产品可维修性设计是指在产品设计阶段充分考虑产品的可靠性和易维护性。通过优化产品结构和工艺,提高产品的维修性和使用寿命。

产品可维修性设计的方法有以下几个:

(1)设计易于拆卸和更换的模块化组件。

(2)采用高品质材料和先进工艺,降低故障率。

(3)设计易于检测和诊断的故障特征,提高维修效率。

通过实施产品可制造性设计、器件归一化、延迟制造和产品可维修性设计策略,企业可以实现供应链订单管理系统的优化,提高生产效率,降低成本,确保产品质量和客户满意度。在我国制造业转型升级的背景下,企业应重视产品可供应性设计,以提升整体竞争力。

## 6.3  供应链订单数智化管理

供应链订单数智化管理指的是通过场景化的端到端的业务解决方案,

并配置相应的智能订单管理系统,实现灵活高效的订单管理。这种模式旨在减少业务对人的依赖,实现人机协同的新型运作模式,自动触发财务结算及开票流程,如图 6.2 所示。

图 6.2　供应链订单数智化管理流程

## 6.3.1　信息化建设:OMS 订单管理系统

在当今快速变化的商业环境中,信息化建设已成为企业保持竞争力的关键。订单管理系统(order management system,OMS)作为企业信息化建设的核心组件,对提高订单管理效率、优化资源配置、提升客户满意度具有不可替代的作用。

OMS 是一个综合性系统,其核心功能如图 6.3 所示。

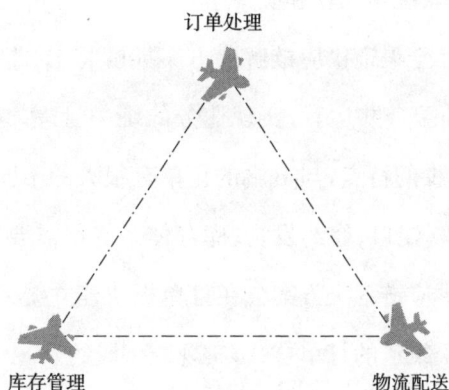

图 6.3　OMS 订单管理系统的核心功能

**1. 订单处理**

OMS 能够实时接收、处理和跟踪客户订单,确保订单信息的准确性和及时性。通过自动化的订单处理流程,OMS 大幅提高了订单处理效率,并减少人为错误。

**2. 库存管理**

OMS 能够实时更新库存信息,实现库存的精确管理。此外,通过与 ERP 系统集成,OMS 可以进一步优化库存结构,降低库存成本。

**3. 物流配送**

OMS 能够与各种物流系统进行对接,实现订单的自动分拣、配送和跟踪。这不仅可以提高物流效率,还能为客户提供更加精准的物流服务。

云徙科技作为知名的数字化技术服务商,推出了全渠道供应链解决方案,致力于帮助企业实现全渠道订单交付。

借助全渠道供应链解决方案,小程序、App、电商平台等渠道的订单都能够整合到 OMS 中,交由全渠道供应链平台进行履约。

云徙科技的全渠道供应链解决方案能够实现四个方面的统一,分别是统一运营、统一订单、统一库存和统一结算。

(1)统一运营。全渠道供应链解决方案能够将 B 端与 C 端的差异化运营转变为 B 端与 C 端合并运营,实现业务的统一管理。C 端的订单具有体量小、频次高、合单少的特点,与 B 端的订单有很大的不同。因此,面向 B 端和 C 端,企业的结算端口、履约发货、库存体系等都需要实现定制化。在统一运营后,全渠道供应链解决方案会在订单板块建立统一的模型,同时接入 B 端与 C 端,将两个渠道的订单合并,实现统一履约。

(2)统一订单。在实现统一运营的基础上,企业需要以数据为中心,根据不同的拣货场景进行相应的订单处理。全渠道供应链解决方案支持统一集成和管理订单,并能灵活适应多种业务模式下的差异化规则与流程。

(3)统一库存。在库存管理方面,全渠道供应链解决方案搭建了四层共享库存模型,分别是账实分离库存模型、供货策略、渠道库存预占策略、逻辑库存预占策略。在整个供应流程中,销售端会将计划分享给前端渠道,前端渠道会判断产品的销售情况对产品进行分类,畅销的产品会按照额度分配给不同的前端渠道,普通款产品会按比例分配给前端渠道,实现库存利用最大化。

(4)统一结算。全渠道供应链解决方案具有统一结算的功能,能对信用进行分层管控,实现应收应付的财务自动化对账和收入结算。在企业的日常运营中,该解决方案能够在工作人员拉取账单时自动解析本地的实收账单,并核实应收和实收账单。

总之,OMS 在供应链信息化建设中发挥着至关重要的作用。通过实时的订单处理、库存管理和物流配送功能,OMS 能够帮助企业提高运营效率、优化资源配置和提升竞争力。未来,随着信息技术的不断发展和供应链管理的不断创新,OMS 的应用将更加广泛和深入。

## 6.3.2　数字化手段:借数字化工具简化订单处理流程

如今,数字化手段赋能供应链管理的作用日益凸显。特别是在订单处理方面,数字化工具的应用不仅简化了订单流程,还大幅提高了工作效率。从最初的客户下单,到订单确认、生产排程、物流配送,再到最后的售后服务,数字化工具都发挥着重要作用。

传统订单处理流程往往烦琐且耗时,而数字化工具的应用则能够极大地简化这一流程。通过采用先进的订单管理系统和自动化工具,企业可以实现订单快速录入、自动分配、实时跟踪和智能分析。这不仅减少了人工操作的环节,降低了出错率,还提高了订单处理的效率和质量。

自动化订单处理系统是数字化工具在订单处理中的典型应用之一。通过集成先进的算法和人工智能技术,该系统能够自动接收、处理和跟踪订单信息,大幅提高了订单处理的效率和准确性。

智能订单分配系统能够根据订单的特点和要求,自动将订单分配给最合适的处理人员或部门。该系统基于大数据分析和机器学习技术,能够实时分析订单数据,预测订单处理的时间和难度,从而实现更合理的资源分配。

移动订单处理应用使得订单处理人员可以随时随地处理订单,极大地提高了工作的灵活性和效率。这种应用通常集成了移动设备的便捷性和云计算的强大处理能力,使得订单处理人员能够实时查看订单信息、更新订单状态、处理订单问题等。

数字化工具不仅能够处理订单,还能够对订单数据进行深入分析和优化。通过挖掘订单数据的潜在价值,企业可以更好地了解客户需求、市场趋势和业务流程,从而作出更明智的决策。

数字化赋能是促使订单处理流程简化的重要手段。通过运用数字化工具,企业可以实现订单处理高效化、各环节协同作业、供应链管理优化以及智能决策。

### 6.3.3 智能化应用:订单数据智能分析,优化风险管理

订单数据智能分析是指利用大数据、人工智能等技术手段,对订单数据进行深度挖掘和分析。通过订单数据智能分析,企业可以更加精准地把握市场需求,预测销售趋势,进而优化生产和库存管理。同时,企业还可以及时发现潜在风险,提高风险应对能力。

订单数据智能分析对风险管理的作用如图 6.4 所示。

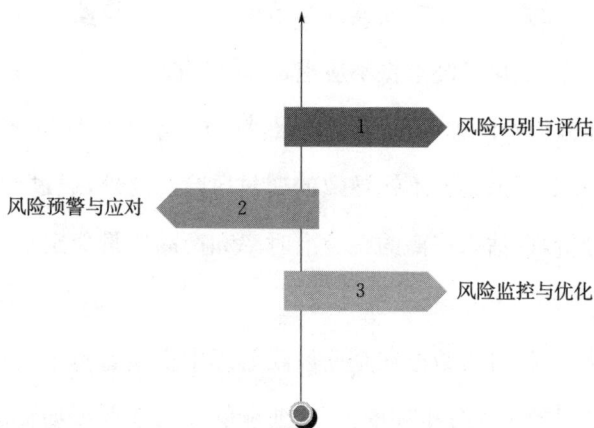

图 6.4　订单数据智能分析对风险管理的作用

**1. 风险识别与评估**

通过智能分析,企业可以及时发现订单数据的异常波动,如订单量骤减、退货率上升等,从而识别出潜在的市场风险。同时,企业可以对识别出的风险进行分类和评分,评估其严重性和可能性,从而确定需要优先关注的风险点。

**2. 风险预警与应对**

基于智能分析结果,企业可以实现对市场风险的提前预警。当预测到某个风险指标即将达到预设阈值时,系统会及时发出预警,提醒企业采取相应的应对措施。企业可以根据风险评估结果和风险预警,制定针对性的风险应对策略,如调整供应商、优化运输路线等,以降低风险带来的损失。

**3. 风险监控与优化**

智能分析还可以帮助企业对风险进行实时监控,随时掌握风险的变化情况。同时,通过不断优化分析模型和算法,智能分析可以提高风险监控的准确性和效率,为企业提供更加全面、精准的风险管理支持。

例如,某电子产品制造企业通过分析订单数据进行风险管理。该企业收集并分析历史订单数据,包括订单数量、产品类型、交货时间等,发现在特定季节某款产品的需求大增,而其他季节需求较少。据此,该企业调整生产计划和库存水平,避免了旺季供不应求、淡季库存积压。

该企业还分析不同地区的订单数据,针对需求大的地区增加库存和物流配送人员,降低了因物流不畅导致的交付风险。此外,通过对供应商的订单数据进行分析,评估供应商的交货准时率和产品质量稳定性,降低了供应链中断风险。

在数字化时代,订单数据在企业风险管理中扮演着越来越重要的角色。通过对订单数据的深入分析和挖掘,企业能够实时掌握市场动态、供应链状况以及潜在的财务风险,从而制定更加精准和有效的风险管理策略。

# 07

## 第 7 章

## 供应链采购实现采购精细化管控

供应链采购涵盖了从供应商选择、采购计划制订、订单下达、到货验收、库存管理到付款结算的全过程。采购的精细化管控能够确保采购过程中的每一个环节都能够得到优化和控制，从而实现成本降低、效率提升和产品质量保障等多重目标。

# 7.1 数智时代催生采购新模式

在数字技术的加持下,供应链互联程度进一步提升,供应链上的各个主体能够紧密协作、信息共享,促进供应链生态的形成。在这种趋势下,新型采购模式应运而生,如共享采购、集中采购等,给传统采购模式带来颠覆和变革。

## 7.1.1 同行业企业共享式采购

共享式采购是指同行业中的多家企业形成联盟,采购共同需要、但平常使用频率较低的物品。各个企业根据使用物品的次数或者损耗情况合理地分摊采购成本,以减少采购支出、降低采购成本。

在供应链管理系统的助力下,协同采购的效率有了显著提升,但这种封闭性较强的线性管理体系容易形成数据孤岛。在缺乏信息交流的情况下,企业抵御风险和谈判议价的能力都会被削弱。而共享式采购不仅能够实现企业间的信息互通,也能够提升企业抵御风险的能力,降低企业的采购成本。

以我国航空业为例,过去为了保证航班的出勤率,航空公司通常会在引进新飞机时就购买足够的备用发动机。然而,新飞机发动机故障率较低,导致备用发动机在初期成为闲置资源,利用率极低。而且,一台发动机的价值高达几百万美元至几千万美元,长期闲置不仅占用大量资金,还增加了航空公司的运营成本。为了解决这一问题,国航不断探索成本控制方法,创新性地提出了共享式备用发动机采购模式——共享联盟。

随后,国内多家航空公司,如上航、国航、深航等,与美国威利斯发动机租赁公司共同成立了备用发动机共享联盟。根据协议,备用发动机将集中存放在我国的保税仓库中,一旦航空公司遇到紧急情况,可以随时调用共享的备用发动机。这一创新举措极大地提高了闲置资源的利用率,降低了航空公司的运营成本。

在共享联盟成立之前,为了保证超过 97％ 的出勤率,每家航空公司通常需要配置 2~3 台备用发动机,总数接近 10 台。而共享联盟成立后,同样保证了 97％ 的出勤率,但只需 4~5 台备用发动机即可。这不仅避免了大量资金被占用,还大幅降低了各航空公司在这方面的支出,实现了成本的显著降低。

互联网的共享属性使得企业可以更快地接入全球性的资源和服务,将线上的信息整合与线下的采购过程进行有机结合,从而以最低的成本创造最大的价值。企业可以和第三方合作,借助互联网平台实现共享式采购,从而快速形成规模经济。这种新兴、多元的采购模式将替代传统线性、封闭的采购模式,推动资源的社会化交换。

随着新一代数字技术的广泛应用,企业的采购模式正在由面向供应链的电子采购转变为面向社会的互联网采购。共享是互联网采购模式的重要特征,极大地提升了采购工作的效率和质量,帮助企业更好、更快地创新业务模式,降低运营风险。

## 7.1.2　整合需求集中式采购

集中采购指的是企业在采购物品或服务时,将各个部门分散的采购需求整合起来,交由内部的采购团队或专业的第三方采购机构负责统一进行采购决策和执行。

集中采购主要有以下几个优点:

**1. 降低成本**

集中采购可以形成规模效应,有利于增加企业和供应商谈判的筹码,提升企业谈判议价的能力,使企业获得更为优惠的采购价格。

**2. 提升效率**

在集中采购模式下,一些烦琐的采购流程被省略,一些重复的采购需求得到整合,采购工作的效率更高、结果更好。

**3. 提升供应链集成服务能力**

在集中采购模式下,企业对物资的整体把控能力更高,供应链的集成服务能力更强。企业可以实现物资高效利用,减少资源浪费,降低库存压力,提高物流效率。

**4. 统一质量标准**

在集中采购模式下,企业更容易明确想要采购的物品或服务的质量标准,确保采购的物品或服务的质量具有一致性。

**5. 提高采购风险管理能力**

集中采购可以在一定程度上降低分散采购所带来的风险,如供应中断、物品有质量问题、物品不合格等,有利于企业进行采购风险评估和采购过程管理。

在实施集中采购的过程中,采购部门可以成立专家验收小组,对采购的物品进行集中验收,然后交付给各个部门。这样可以减少采购人员的验收工作量,节约人力与财力资源。同时,集中验收在一定程度上会加大验收人员对物品质量的管控力度。

# 7.2　采购全流程数智化设计

采购全流程数智化设计旨在通过数字化和智能化手段,全面优化采购流程,实现采购活动的自动化、精准化和高效化。它强调以数据为核心,运用先进的信息技术,如大数据、云计算、人工智能等,对采购过程中的各个环节进行智能管理。

## 7.2.1　数智化供应商寻源

数智化供应商寻源是指利用大数据、人工智能等先进技术,对供应商信息进行全面、高效的搜集、分析,以选择适合自己的供应商,达到提高采购效率和质量、降低采购成本的目的。数智化供应商寻源将传统的供应商寻源方式升级为自动化、智能化的流程,大幅提高了采购效率和准确性。

**1. 数智化供应商寻源的优势**

数智化供应商寻源的优势主要有以下几点:

(1)提高采购效率。数智化供应商寻源通过自动化、智能化的手段快速筛选出符合企业需求的优质供应商,大幅缩短采购周期,降低采购成本。

(2)优化供应商资源。数智化供应商寻源能够全面搜集和分析供应商信息,帮助企业更好地了解供应商的市场地位、产品质量、服务能力等方面的情况,从而优化供应商资源,实现供应商资源的合理配置。

(3)降低采购风险。数智化供应商寻源可以通过对供应商信息的深度挖掘和分析,发现潜在的风险点,并提前进行预警和应对,从而降低采购风险。

## 2. 数智化供应商寻源的实施步骤

数智化供应商寻源的实施步骤如图 7.1 所示。

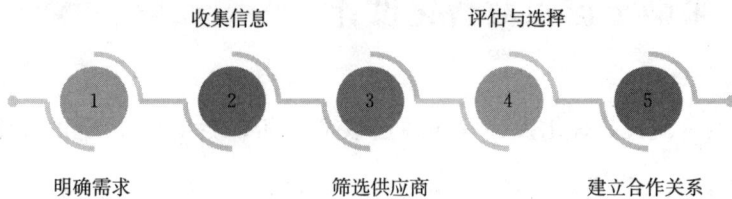

图 7.1　数智化供应商寻源的实施步骤

（1）明确需求。企业首先需要明确自己的采购需求，包括所需产品的规格、数量、交货时间等。这些需求将作为筛选供应商的重要依据。

（2）收集信息。企业可以通过多种途径收集供应商信息，如互联网搜索、行业展会、行业协会等。同时，企业还可以利用数智化技术，如大数据分析、人工智能等，对供应商信息进行筛选和评估。

（3）筛选供应商。根据收集到的信息和自身的实际需求，企业可以对供应商进行初步筛选。筛选过程中，企业需要关注供应商的质量、价格、交货时间、供货能力等方面。

（4）评估与选择。对初步筛选出的供应商进行评估和选择。评估过程中，企业需要深入了解供应商的资质、信誉、历史业绩等方面。同时，企业还可以对供应商进行现场考察或样品测试，以进一步了解供应商的实力和服务水平。

（5）建立合作关系。在评估和选择完成后，企业可以与选定的供应商建立合作关系。合作过程中，企业需要与供应商保持密切沟通，确保产品质量和交货时间满足自己的要求。同时，企业还可以与供应商共同制订长期合作计划，实现互利共赢。

以支出宝数智化采购软件即服务（software as a service，SaaS）系统为例,该系统通过在线招投标、询价、比价、竞价等方式,帮助企业实现数智化供应商寻源。企业可以利用该系统发布询价单或招标信息,邀请供应商参与报价或投标。同时,该系统还支持供应商自主注册和资质审核等功能,方便企业建立和管理供应商数据库。通过该系统,企业可以快速识别和筛选供应商,降低采购成本和时间成本。

## 7.2.2 采购履行全流程智能化

采购履行作为供应链管理的核心环节,其效率与准确性直接关系到企业的成本控制、生产效率及市场竞争力。

### 1. 采购履行的内容

采购履行包括采购合同签订、标的物运输、验收、入库、货款支付等多个环节。下面将深入探讨如何实现采购履行的智能化,以科技力量推动供应链管理升级。

(1)采购合同签订。传统采购合同签订过程烦琐,涉及多轮谈判、修改与审批,耗时费力。而智能采购系统中的电子合同功能实现了合同自动生成、在线审批、电子签名与存档。系统可根据历史交易数据,智能推荐合同条款,减少人为错误,加速合同签署进程。同时,智能合约技术的引入,能够自动执行合同条款,如自动触发付款指令,进一步提升了合同执行的自动化水平。

(2)标的物运输。标的物运输是采购履行中的重要一环,其效率与安全性直接影响企业生产进度。借助物联网技术,企业可以实时追踪货物的位置、温度、湿度等关键信息,确保货物在运输过程中安全可控。企业可以通过智能调度系统优化运输路线,减少运输时间与成本。此外,基于大数据的运输风险预测,企业能够提前识别并应对潜在风险,确保货物按时到达。

（3）验收与入库。在验收与入库环节,传统方式下需要人工核对货物数量、质量,效率低下且易出错。智能化系统通过图像识别、RFID 等技术,实现货物自动扫描、识别与计数,大幅提高了验收效率。同时,结合 AI 算法,系统能够对货物质量进行初步评估,减少人工干预,确保入库货物的质量。智能仓储系统的应用,实现了货物的自动化入库与存储,进一步提升了仓库的运作效率。

（4）货款支付。货款支付是采购履行的最后一步,也是企业与供应商之间信任建立关系的关键。智能化支付系统能够根据合同约定的付款条件,自动触发支付指令,实现货款的即时结算。同时,通过与银行系统的对接,实现支付流程的自动化与透明化,降低了人为操作的风险,提高了支付效率。

## 2. 实现采购履行全流程智能化的要点

实现采购履行全流程智能化的要点如图 7.2 所示。

图 7.2　实现采购履行全流程智能化的要点

（1）技术选型与集成。根据实际需求,企业需要选择成熟、可靠的技术方案,并确保各系统间的无缝集成,形成完整的智能化采购履行体系。

（2）数据安全与隐私保护。在智能化采购的过程中,企业要加强数据安全与隐私保护,确保采购信息的保密性、完整性与可用性。

（3）员工培训与转型。企业要加强对员工的数智化技能培训，提升其对智能化系统的操作能力与理解能力，促进员工的数字化转型。

（4）持续优化与迭代。智能化采购履行是一个持续优化的过程，企业应定期评估系统性能，收集客户反馈，不断迭代升级，以适应市场变化与企业发展需求。

采购履行的智能化，是企业提升供应链管理效率、降低成本、增强竞争力的关键路径。通过科技的应用，企业能够实现采购流程的自动化、智能化与透明化，构建高效、协同的供应链生态。

## 7.2.3　数字技术赋能供应商绩效管理

随着全球经济一体化的深入发展，供应链的复杂性不断提高，供应商绩效管理成为企业降低成本、提高竞争力的重要手段。数字技术的应用为企业提供了全新的供应商绩效管理模式，助力企业实现高质量发展。

数字技术在供应商绩效管理中有着广泛的应用，例如，可以帮助企业收集、整合和分析供应商的产品质量、交货准时性、价格、服务质量等数据，为企业提供全面、客观的供应商评估依据，从而优化采购决策，降低采购风险。

数字技术还可以用于供应商绩效指标设定与监控。数字技术使绩效指标设定更加科学、全面，通过实时监控关键绩效指标（key performance indicator，KPI），如交货准时率、质量合格率、成本效率等，企业能迅速响应异常情况，及时调整策略。

通过搭建供应商绩效管理系统，企业可以实现供应商评估、考核、激励等环节的自动化处理，降低人力成本，提高管理效率。同时，数字技术使企业能够实时监控供应商的运营状况，及时发现潜在问题，并提前预警，为企业提供应对措施。

基于大数据和人工智能技术,企业可以根据自身需求和行业发展趋势为供应商提供个性化的绩效改进方案,助力供应商不断提升竞争力。

在具体实践方面,企业需要做好以下几个方面:

(1)建立供应商绩效管理体系。企业应根据自身特点和供应链战略,构建完善的供应商绩效管理体系,明确绩效评估指标、考核流程和激励机制。

(2)搭建数字化平台。通过搭建供应商绩效管理系统,实现数据采集、分析和应用的智能化,为决策提供有力支持。

(3)实施持续改进。通过数据分析,发现问题并提出改进措施,引导供应商不断优化业务流程,形成持续改进的良性循环。

(4)建立协同机制。与供应商之间建立良好的沟通与协同机制,及时向供应商反馈绩效结果,共同制订改进计划,实现供应链整体绩效的提升。

综上所述,数字技术赋能供应商绩效管理有助于企业实现供应链的高效协同,提升整体竞争力。企业应充分认识到数字技术在供应商绩效管理中的重要作用,积极拥抱变革,搭建数字化管理平台,培育核心竞争力,以应对不断变化的市场环境。同时,企业还需关注数字技术的发展趋势,持续创新,以实现可持续发展。

# 7.3 供应链采购数智化管理

供应链采购数智化管理是企业提升竞争力的关键手段。企业需要强化供应链采购的信息化建设、引入数字化工具和智能化应用,实现采购活动的智能化,为持续发展提供有力支撑。

### 7.3.1　信息化建设：搭建 SRM 供应商关系管理系统

在供应链采购数智化管理方面，搭建供应商关系管理（supplier relationship management，SRM）系统是一项至关重要的任务，其功能架构如图 7.3 所示。

图 7.3　SRM 系统功能架构图

信息化建设是供应链采购数智化的基础。通过建立一套完善的信息化系统，企业可以将供应链上的各个环节进行整合，实现信息共享、协同作业，提高采购过程的透明度和效率。此外，信息化建设有助于提升采购的智能化水平。借助大数据、人工智能等技术，企业可以对采购过程中的海量数据进行挖掘和分析，发现潜在的风险和机遇。

通过信息化手段，企业可以实现采购过程中的节能、减排、循环利用等目标，为建设绿色供应链贡献力量。信息化建设也是应对市场变化的重要手段。通过信息化建设，企业可以快速调整采购策略，适应市场变化，提高供应链的应变能力。

SRM 系统是一种战略性的管理工具，旨在建立、维护和发展企业与供应商之间的长期合作伙伴关系。通过 SRM 系统，企业可以全面了解供应商的资质、产品质量、交货能力等。这有助于企业筛选出优质供应商,降低供应链风险,提高采购效率和满意度。

信息化建设为 SRM 系统的实施提供了有力支持。通过信息化建设,企业可以实现供应商信息的实时共享和传递,提高 SRM 系统的运行效率。同时,信息化建设还可以为企业提供丰富的数据分析工具,帮助企业更好地分析供应商的绩效、风险等信息,从而为 SRM 系统的决策提供有力依据。

搭建 SRM 系统是采购信息化建设的重要举措,有助于提高供应链管理水平,降低采购成本。企业应根据自身需求,有针对性地搭建 SRM 系统,不断优化供应链管理,与供应商共同发展。

## 7.3.2 数字化工具:推进采购数字化转型

数字化时代已经来临,各个行业都在积极寻求数字化转型。采购作为企业运营的重要环节,其数字化转型不仅能够提高采购效率,降低采购成本,还能为企业带来更优质的供应商资源。

随着业务的扩张和企业规模的快速增长,传统的采购模式已经不能满足小米发展的需要。基于此,小米通过采购数字化升级,大幅提升了采购效率。小米在采购数字化转型方面主要采取了以下三个措施:

### 1. 流程升级改造

未升级之前,小米的采购工作大多在线下进行,导致采购流程无法留痕,难以实现流程的透明化。加上各个采购系统有相对独立的审批流程,导致整个采购流程难以形成闭环,引发了一定的采购风险。

基于以上问题,2020 年 12 月,小米启动了"非生采购数字化"项目。非生采购也称间接采购,是指企业为了满足日常运营需要而非生产制造需要而进行的采购活动,包括但不限于采购办公用品、人力资源、设备维护、IT 系统和软件等。

项目启动后,小米以中国区采购系统作为立项范本,由点及面地扩大项目覆盖范围;加强物料类、服务类等方面的需求管理,实现招标、采购等全流程线上化,打造线上采购闭环。

### 2. 提出选型五要素

出于对"非生采购数字化"项目的前瞻性考虑,小米成立了专研项目组。项目组成员包括采购部门、市场部门、技术部门和业务部门的核心人员。同时,小米开展了深度的市场调研,以对市场上各个供应商进行详细的对比和了解。

在选型阶段,小米主要关注项目计划、项目团队、系统架构、产品逻辑、使用体验五个要素,而数字化供应商"支出宝"很好地满足了小米对这五个要素的要求。支出宝"轻咨询"模块化的解决方案以及快速部署、快速迭代的数字化能力,能够满足小米快速响应市场变化、及时调整策略等敏捷性需求。

### 3. 解决三大采购核心问题

与支出宝合作后,小米立即实施数字化采购项目。小米的业务繁杂,要想实现采购逻辑与产品的紧密结合,就需要解决需求管理、招采管理、供应商管理三个核心问题。

在需求管理方面,支出宝在系统中为小米设定了需求分配逻辑并打造了需求受理台这一功能。该功能能够根据采购品类和金额自动分配采购需求,并且自动传输至采购人员的待办事项系统中,采购人员可以实时关注事项进展。

在招采管理方面,支出宝在系统中为小米增添了多项招采功能和预算金额管控功能,使招采的下单金额不能超出定标金额。

在供应商管理方面,小米将供应仓库分为四类,分别是储备库、临时库、正式库、冻结库。在供应商准入管理上,小米为不同品类的供应商设置了不同的准入门槛,并分别设定了供应商的单笔交易上限和年度交易上限,从而更好地把控交易风险。

小米的数字化采购项目实现了数字化系统在采购业务领域更深层次的拓展,使小米采购数字化转型取得了显著的成效。

### 7.3.3 智能化应用:大数据分析与智能决策融入采购

大数据分析与智能决策都是当前的热门话题,它们融入采购领域为企业带来了前所未有的机遇。

在过去,企业采购决策往往依赖于经验、直觉和有限的数据分析。然而,随着大数据技术的快速发展,企业能够收集、存储和处理海量数据,为采购决策提供了更加全面、准确的信息支持。大数据分析技术通过挖掘数据中的潜在规律,帮助企业发现采购过程中的瓶颈和问题,为采购策略的制定提供了有力依据。

智能决策系统集成了人工智能、机器学习等先进技术,能够根据数据分析结果,为企业提供智能化的采购建议。通过智能决策系统,企业能够迅速响应市场变化,优化采购流程,降低采购成本,提高采购效率。同时,智能决策系统还能够预测未来市场趋势,帮助企业制定更具前瞻性的采购策略。

大数据分析与智能决策融入采购环节,使采购活动变得更加高效、智能,这主要体现在以下几个方面:

(1)实时监控与预警。通过大数据分析,企业能够实时监控采购活动的各项指标,如供应商表现、价格波动等。当出现异常情况时,智能决策系统能够及时发出预警,帮助企业迅速采取措施,避免潜在风险。

（2）优化采购策略。基于大数据分析的结果，智能决策系统能够助力企业制定个性化的采购策略。这些策略既考虑了企业自身的需求和约束条件，又充分考虑了市场变化和供应商情况，从而提高了采购活动的针对性和有效性。

（3）降低采购成本。通过大数据分析，企业能够更准确地预测市场需求和价格波动，从而制订更加合理的采购计划。而智能决策系统还能够帮助企业优化供应商选择和管理，从而降低采购成本，提高采购效益。

大数据分析与智能决策融入采购是一个重要的发展趋势。企业应抓住机遇，积极应用新技术和新方法，不断提升采购活动的智能化水平，获得全新的发展动力。

### 7.3.4　用友：智慧采购平台助力企业科学采购

用友是一家知名的数智化软件与服务提供商，能够为企业提供人力资源管理、客户关系管理等软件。在采购方面，用友打造了智慧采购平台"友云采"，助力企业科学采购。

友云采是一个 SaaS 模式的采购云平台，汇集了众多供应商与电商资源，实现了企业与供应商、电商平台的直接连接，打通了采购计划制订、采购执行、验货、入库、付尾款等环节。友云采致力于帮助各类企业提升供应链管理能力，实现采购业务管理优化和采购数字化转型。

友云采主要为企业提供三大核心服务，如图 7.4 所示。

**1. 云采超市服务**

云采超市为企业提供了一个自助式采购平台，能够满足企业的办公用品采购需求和工业品采购需求。云采超市中的办公用品超市支持企业构建内部商城，为企业提供便捷、智能化的采购服务体验。云采超市中的工业品超市上架了上千万种商品，其中大多是非生产原料性质的工业用品，能够满

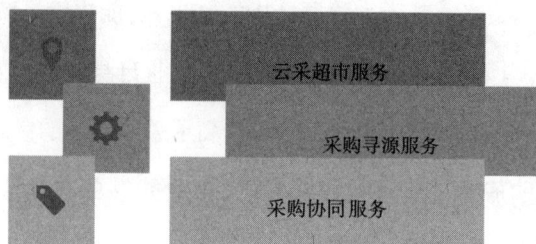

图 7.4　友云采的三大核心服务

足企业的物资采购需求。

**2. 采购寻源服务**

友云采能够将企业的采购需求与平台中的商品智能匹配起来,还会根据企业的搜索记录、浏览记录智能地向企业推荐相应的商品。各类企业都能在友云采平台中采购到自己所需的物资,并且采购报价公开、透明。

**3. 采购协同服务**

从企业在内部 ERP 系统中制定采购方案,到与供应商签订采购合同,再到企业收货、开具发票,友云采实现了采购全流程协同,采购实时化、社交化、智能化程度进一步提升,采购效率更高。

友云采具有四大核心价值:汇集海量优质商品和供应商;实现智能、精准的供需匹配;提供一站式全流程数字化采购服务;广泛融合供应链中的生态伙伴。

很多企业借助友云采实现了采购数字化转型,例如,今麦郎与用友达成合作,使用友云采采购物资。今麦郎在友云采平台上采购的原材料、备件等物资的金额占企业整体采购金额的 80%,采购周期从原来的 30 天缩短至 15 天,采购过程高效协同。

友云采能够与企业内部的 ERP 系统对接,并且连接了十几家电商交易平台。基于互联网微服务架构和大数据、机器学习等技术,友云采使得长流程采购决策与执行更加简单,实现了交易过程的全流程在线化、数字化。

# 08

## 第 8 章

# 供应链质量全流程数智化管控

　　为了保持竞争优势,许多企业开始关注并实施供应链质量全流程数智化管控。数智化管控可以实时监控供应链的各个环节,包括原材料采购、生产制造、仓储物流等。通过对数据的分析,企业可以及时发现潜在的质量问题,并采取相应的措施进行改进。这不仅提高了产品质量,还降低了因质量问题导致的退货、投诉等成本。

# 8.1 供应链质量管理三大特性

有效的供应链质量管理不仅能提升产品和服务的质量,还能降低运营成本、增强企业的竞争力。在进行供应链质量管理时,企业不可忽视其三大特性:全面性、协调性和战略性。

## 8.1.1 全面性:涉及供应链全流程

质量管理是确保产品质量、提升市场竞争力的重要基石,具有全面性的特点,如图 8.1 所示。

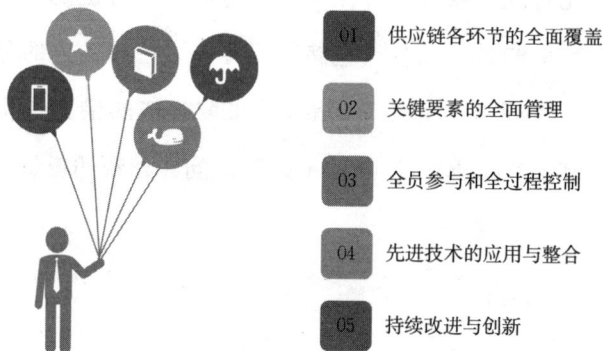

01 供应链各环节的全面覆盖

02 关键要素的全面管理

03 全员参与和全过程控制

04 先进技术的应用与整合

05 持续改进与创新

图 8.1 供应链质量管理全面性的具体体现

**1. 供应链各环节的全面覆盖**

供应链是一个涵盖采购、生产、仓储、销售、运输等多个环节的复杂网络,它将各个环节连接起来,实现从原材料到成品的高效转化。因此,供应链质量管理不应局限于生产环节,而是从最初的原材料采购直至最终的产品交付,每个环节都应当受到严格的质量控制。这种控制不仅关注产品的物理特性,还涉及产品的设计、生产、包装、运输等多个方面,确保每个环节都符合既定的质量标准。

**2. 关键要素的全面管理**

除了对各环节的严格把控,供应链质量管理还需关注关键要素的全面管理。这包括供应商的选择与评估、质量控制标准的制定与执行、成本与质量的平衡、交货期与质量的双重保障,以及风险管理与应对。通过构建供应商评估体系、优化质量控制流程、实施成本优化策略、制定风险应对策略等措施,企业能够更有效地管理供应链中的关键要素,确保质量的稳定性和可靠性。

**3. 全员参与和全过程控制**

供应链质量管理的全面性还体现在全员参与和全过程控制上。企业需要培养员工的质量意识,提供质量管理相关的培训和教育,确保每个员工都了解自己在质量控制中的角色和责任。同时,实施全过程的质量控制,从原材料采购到最终产品的交付,每个环节都进行严格的监控和评估,确保质量的持续改进和提升。

**4. 先进技术的应用与整合**

企业可以利用信息化技术实现供应链信息的实时共享和追踪,提高供应链的透明度和效率。通过数据分析工具对供应链数据进行深度挖掘和分析,预测潜在的质量问题并采取相应的预防措施。此外,引入自动化和智能化技术,提高生产效率和质量控制水平,减少人为因素导致的质量风险。

**5. 持续改进与创新**

企业需要建立质量改进机制,定期收集和分析质量数据,识别改进机会并实施改进措施。同时,鼓励创新思维和方法的应用,通过技术创新和管理创新提升供应链质量管理的水平和效率。持续改进和创新有助于企业不断适应市场变化,提升产品质量和竞争力。

综上所述,供应链质量管理的全面性体现在对供应链各环节的全面覆盖、关键要素的全面管理、全员参与和全过程控制、先进技术的应用与整合以及持续改进与创新等多个方面。这些方面的全面性和系统性确保了供应链高效运作和产品质量优质,为企业赢得了客户的信任和市场的认可。

### 8.1.2 协调性:协调内部资源、供应商与流程

供应链质量管理的协调性主要源于供应链本身的复杂性,它涉及多个环节、多个参与者,每个环节都需要与其他环节紧密配合,以确保产品和服务能够顺利传递到客户端。

**1. 供应链质量管理的协调性体现在对企业内部资源的有效协调上**

企业内部各部门,如研发、生产、销售、物流等,都与产品质量息息相关。研发部门的设计决定了产品的性能和质量标准;生产部门负责将设计转化为实际产品,生产工艺和过程控制直接影响产品质量;销售部门需要准确传达客户的质量需求,以便企业能够更好地满足市场期望;物流部门则要确保产品在存储和运输过程中不受损坏。只有通过有效的协调,各部门才能形成合力,共同推动产品质量提升。

以某汽车制造企业为例,在新产品研发阶段,研发部门、生产部门和质量控制部门紧密合作。研发部门根据市场需求和技术发展趋势设计出新款汽车,生产部门提前参与,对生产工艺进行评估和优化,质量控制部门则制定严格的质量检测标准。在整个过程中,各部门信息共享、协同工作,确保新产品在性能、质量和成本方面达到最佳平衡。

**2. 供应链质量管理的协调性体现在企业与供应商的紧密合作上**

供应商提供的原材料、零部件等直接影响最终产品的质量。企业需要与供应商建立长期稳定的合作关系,加强对供应商的质量管理和监督,共同制定质量目标和标准。企业还可以通过信息共享、技术支持和培训等方式,帮助供应商提升质量水平,确保其提供的原材料、零部件符合自己的要求。

例如,某电子产品制造企业与关键零部件供应商建立了战略合作伙伴关系。双方共同投资研发新的零部件技术,企业为供应商提供技术指导和培训,供应商则承诺按时交付高质量的零部件。同时,该企业通过定期的供应商评估和审核,及时发现和解决供应商存在的质量问题,确保供应链的稳定和可靠。

**3. 供应链质量管理的协调性体现在对流程的优化和整合上**

从原材料采购、生产加工到销售、物流配送,每个环节都需要严格的质量控制。企业需要对整个供应链流程进行全面分析,找出质量风险点,优化流程,提高质量控制的效率和效果。

总之,供应链质量管理的协调性是企业实现高质量发展的重要保障。通过协调内部资源、供应商与流程,企业能够构建一个高效、稳定的供应链质量管理体系。

## 8.1.3　战略性:明确战略地位,强化质量管理意识

供应链质量管理的战略性体现在其与企业整体战略紧密结合,成为推动企业持续发展的重要力量。

首先,战略性的供应链质量管理需要企业站在更高的视角来审视质量管理。这意味着企业不能仅仅局限于当前的生产环节和质量控制标准,而要将质量管理提升到战略高度,对自身的生产能力、技术水平以及市场需求

和行业趋势进行全面分析,从而制定出符合未来发展需求的质量管理策略。

其次,实现战略性的质量管理需要企业强化质量管理意识。从企业高层领导到基层员工,全员都要树立"质量第一"的意识。高层领导要以身作则,重视质量管理,将质量管理纳入企业战略规划,通过制定明确的质量管理目标和政策,为企业的质量管理工作指明方向。同时,高层领导还应积极投入资源,支持质量管理体系的建设和持续改进。

中层管理人员要将质量管理融入日常管理工作,加强对供应链各环节的监督和控制,确保质量标准得到严格执行;建立有效的沟通机制,及时反馈质量问题,并协调各部门共同解决;通过培训和激励机制,增强员工的质量意识和工作积极性。

基层员工是质量管理的直接执行者,他们的质量意识直接决定了产品或服务的质量。企业应加强对基层员工的质量培训,让他们了解质量标准和工作流程,掌握正确的操作方法;鼓励员工积极参与质量改进活动,提出合理化建议;建立公平的绩效考核体系,将质量指标纳入考核内容,激励员工不断提高质量管理水平。

总之,企业要从战略高度出发,制定全面的质量管理规划,关注市场变化和行业发展趋势,注重技术创新和研发,从而不断提升产品质量和竞争力,实现可持续发展。

# 8.2　质量管理覆盖供应链全流程

供应链全流程质量管理是一种全面、系统性的质量管理方法,涵盖了从原材料采购到产品交付给客户的整个过程。这一方法强调在供应链的每个环节都进行质量控制和持续改进,确保每个环节都符合质量标准,从而实现产品质量整体提升。

## 8.2.1　原材料采购过程的质量管理

原材料作为产品生产的基础,其质量直接影响最终产品的品质。企业在原材料采购过程中进行的质量管理如图 8.2 所示。

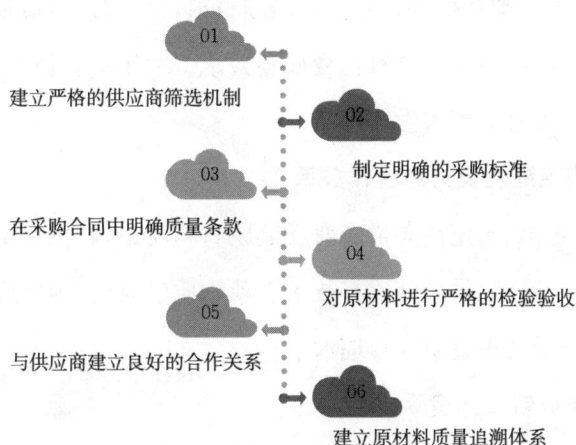

图 8.2　企业在原材料采购过程中进行的质量管理

**1. 建立严格的供应商筛选机制**

企业应当对潜在供应商进行全面的考察,深入了解其生产能力、技术水平、质量管理体系等。企业可以通过实地走访、查看资质证书、了解市场口碑等方式,挑选出质量有保证的供应商。只有与优秀的供应商合作,才能从源头上确保原材料的质量。

**2. 制定明确的采购标准**

企业应根据产品要求,确定原材料的技术规格、质量指标、检验方法等。这些标准应详细、具体,以便在采购过程中有据可依。同时,企业应将采购标准传达给供应商,使其清楚自己的质量要求,确保所提供的原材料符合标准。

**3. 在采购合同中明确质量条款**

采购合同中应规定原材料的质量保证期限、检验标准、违约责任等内容。一旦出现质量问题,企业可以依据合同条款进行索赔和处理,从而约束供应商严格履行质量承诺。

**4. 对原材料进行严格的检验验收**

企业需要成立专业的检验团队,配备先进的检测设备,按照既定的检验标准对原材料进行抽样检测。对于关键原材料,可实行全检,检验内容包括外观、尺寸、性能等,确保原材料符合质量要求。对于不合格的原材料,企业应坚决退回,不允许其流入生产环节。

**5. 与供应商建立良好的合作关系**

企业可以定期/不定期向供应商反馈原材料质量,和供应商共同分析并解决出现的问题;鼓励供应商进行技术创新和质量改进;为供应商提供技术支持和培训,帮助其提高质量管理水平。

**6. 建立原材料质量追溯体系**

企业还应对每一批次的原材料进行记录和跟踪,以便在产品出现质量问题时可以迅速追溯到原材料的来源,及时采取措施进行处理,降低损失。

总之,企业要高度重视原材料采购过程中的质量管理,通过采取上述措施,确保原材料的质量稳定可靠。

## 8.2.2 研发过程的质量管理

研发过程中的质量管理不仅影响产品的性能和可靠性,还直接关系到企业的市场竞争力和客户满意度。为了在研发过程中进行质量管理,企业可以采取四种方法,如图 8.3 所示。

**1. 明确质量目标**

企业应根据自身的战略规划和市场需求,确定产品的质量目标,这些目

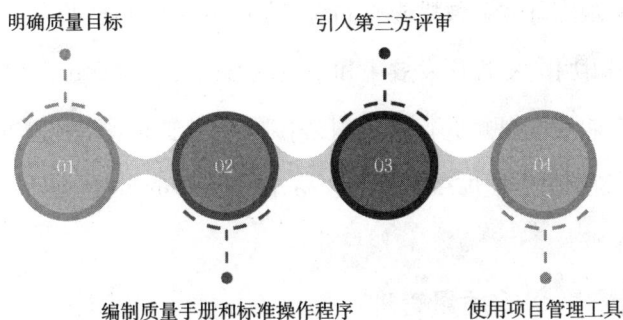

图 8.3　研发过程中进行质量管理的方法

标可以包括产品的性能指标、可靠性、安全性等方面。明确的质量目标能够为研发团队提供清晰的方向,使他们在研发过程中有据可依。同时,质量目标也应具有可衡量性,以便在研发过程中进行监控和评估。

**2. 编制质量手册和标准作业程序**

质量手册是企业质量管理的纲领性文件,它应明确企业的质量方针、质量目标、质量管理体系的范围和结构等。标准作业程序(standard operating procedure,SOP)则是对具体研发活动的规范,包括研发流程、实验方法、数据记录等方面。通过编制质量手册和 SOP,企业可以将质量管理的要求制度化、规范化,确保研发过程的一致性和高效性。

**3. 引入第三方评审**

第三方评审机构通常具有专业的知识和丰富的经验,能够对研发项目进行客观、公正的评估。评审可以在研发的不同阶段进行,如方案设计阶段、中期评估阶段和最终验收阶段。通过第三方评审,企业可以发现研发过程中存在的问题和不足,及时进行改进和优化。

**4. 使用项目管理工具**

项目管理工具可以帮助企业对研发项目进行全面的规划、组织、协调和控制。例如,PingCode(品码)可以对项目进度、成本、质量等方面进行实时监控,及时发现问题并采取措施。同时,项目管理工具还可以促进团队成员之间的沟通和协作,提高研发效率和质量。

总之,企业要重视并进行研发过程中的质量管理,只有这样,企业才能在激烈的市场竞争中推出高质量的产品,赢得更多的市场份额。

### 8.2.3 生产过程的质量管理

企业的生存与发展离不开高质量的产品,而生产过程的质量管理则是确保产品质量的核心环节。为保证生产过程的质量,企业可以参考如图8.4所示的方法。

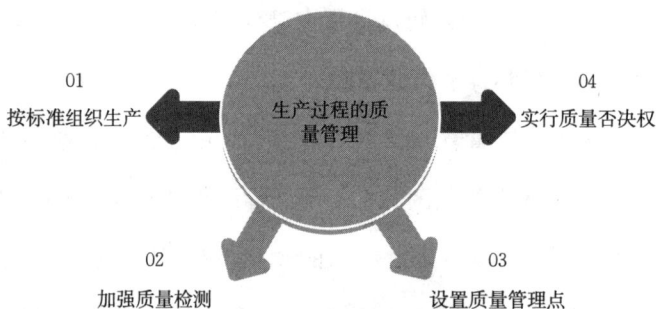

图 8.4 保证生产过程中质量的方法

**1. 按标准组织生产**

企业应根据国家、行业标准以及自身的实际情况,制定严格的生产标准和操作规程。这些标准应涵盖原材料采购、生产、产品检验等各个环节,确保每一个生产步骤都有章可循。同时,要加强对员工的培训,使他们熟悉并严格遵守生产标准,确保生产过程的一致性和稳定性。只有按标准组织生产,才能从源头上保证产品质量。

**2. 加强质量检测**

企业应建立完善的质量检测体系,配备先进的检测设备和专业的检测人员。在生产过程中,企业要对原材料、半成品和成品进行严格的检测,及时发现和解决质量问题。检测工作应贯穿整个生产过程,不仅要在产品出厂前进行最终检测,还要在生产的各个环节进行抽样检测,确保质量问题能够及时被发现和解决。通过加强质量检测,企业可以有效地提高产品质量,降低质量风险。

**3. 设置质量管理点**

企业应根据产品的特点和生产过程的关键环节,设置质量管理点,如关键工序、重要设备、特殊岗位等。对质量管理点,企业要进行重点监控,制定专门的管理措施和应急预案。例如,对关键工序要加强工艺控制,对重要设备要定期维护保养,对特殊岗位的员工要进行严格的培训和考核。通过设置质量管理点,可以有效地提高生产过程的质量控制水平,确保产品质量的稳定性。

**4. 实行质量否决权**

企业应建立严格的质量考核制度,将产品质量与员工的绩效考核挂钩。对出现质量问题的部门和个人,要实行质量否决权,即质量不达标,不得进行奖励和晋升。同时,要对质量问题进行严肃处理,追究相关人员的责任,以起到警示作用。实行质量否决权可以增强员工的质量意识,促使他们更加重视产品质量,从而提高企业的整体质量水平。

生产过程中的质量管理是一项系统工程,需要企业全体员工的共同努力,只有这样才能铸就卓越品质。

## 8.2.4　物流运输过程的质量管理

高效、可靠的物流运输不仅能够确保货物按时送达,还能提升客户满意度,增强企业的市场竞争力。下面将重点探讨企业如何在物流运输过程中进行质量管理。

**1. 制订详细的运输计划**

企业应充分考虑货物的性质、数量、运输距离、交货时间等因素,制定科学合理的运输方案;明确运输路线、运输方式以及各个环节的时间节点,确保运输过程有条不紊。同时,要对可能出现的风险进行评估,并制定相应的应急预案,以应对突发情况,如恶劣天气、交通堵塞等。

**2. 选择优质的物流服务商**

企业应通过严格的筛选程序,挑选信誉良好、实力雄厚、服务优质的物流服务商。企业可以考察供应商的资质、运输设备、人员素质等方面;与供应商建立长期稳定的合作关系,明确双方的权利和义务,加强沟通与协调,共同提升物流运输质量。此外,还可以通过定期评估供应商的绩效,对其进行激励和约束,促使供应商不断提高服务水平。

**3. 加强货物包装管理**

合适的包装能够保护货物在运输过程中不受损坏,确保货物的完整性和安全性。企业应根据货物的特点和运输要求,选择合适的包装材料和包装方式。例如,对易碎、易损货物要进行特殊包装,增加缓冲材料,防止货物在运输过程中受到冲击和震动。同时,要确保包装的牢固性和密封性,防止货物在运输过程中发生泄漏和散落。

**4. 实时监控运输过程**

企业可以利用现代信息技术,如 GPS、物联网等,对运输车辆进行实时跟踪和监控,及时了解车辆的位置、行驶速度、运输状态等信息,以便在出现问题时能够及时采取措施进行处理。此外,还可以通过建立信息共享平台,实现对货物运输过程的全程监控,确保货物按时、安全地送达目的地。

总之,企业要高度重视物流运输过程中的质量管理,通过制订详细的运输计划、选择优质的物流服务商、加强货物包装管理和实时监控运输过程等措施,不断提高物流运输的质量和效率,为自身长远发展提供有力的支持。

# 8.3　完善供应链质量管理策略

供应链质量管理涉及从原材料采购到产品交付给消费者的全过程。在这个过程中,任何一个环节失误都可能导致产品质量下降,进而影响企业的声誉和市场份额。企业应明确供应链质量管理的重要性,建立健全供应链质量管理体系,加强供应链风险评估和过程控制,增强质量管理意识,利用现代科技手段提升质量管理效率。

## 8.3.1　建立健全供应链质量管理体系

想要实现有效的供应链质量管理,完善质量管理策略,企业就要建立健全的供应链质量管理体系。

**1. 确立清晰的质量标准和要求**

这包括制定严格的质量检验流程、明确的产品规格说明以及统一的质量评估标准。通过制定这些标准和要求,企业可以确保从供应商到最终消费者的每一个环节都能够达到既定的质量标准,从而提升整体的产品质量。

**2. 组建质量控制小组**

企业需要设立一个专业的质量控制小组,负责规划、执行和监督质量管理工作。该小组应拥有必要的专业知识与技能,并具有稳定性,从而保障质量管理工作顺利进行。

**3. 建立有效的质量监控机制**

这包括定期的质量检查、抽样检验以及对关键环节的实时监控。通过这些机制,企业可以及时发现和解决质量问题,防止问题产品流入市场,从而维护品牌形象和消费者信任。

**4. 建立全面的供应商评估体系**

在选择供应商时，不能仅仅关注价格因素，而要对供应商的产品质量、生产能力、技术水平、质量管理体系等进行全面评估。通过实地考察、样品检测、历史业绩分析等多种方式，筛选出可靠的供应商合作伙伴。同时，定期对供应商进行绩效评估，根据质量、交货期、服务等指标对其进行打分，对表现不佳的供应商及时采取整改措施或更换。

**5. 构建客户反馈机制**

该机制能够助力企业及时收集客户对产品质量的反馈意见。基于此，企业可以深入了解客户的需求和期望，针对性地调整产品设计和生产流程，使产品质量能够满足客户的需求。

## 8.3.2 加强供应链风险评估，识别潜在风险

随着供应链复杂性和不确定性增加，供应链风险逐渐成为企业面临的重要挑战。因此，加强供应链风险评估并识别潜在风险，成为企业必须重视的问题。

供应链风险评估是企业风险管理的重要组成部分。它通过对供应链中各个环节的潜在风险进行系统性分析，评估风险发生的可能性及其对企业运营的影响程度。这种评估有助于企业及时发现并解决问题，避免或降低风险对企业造成的损失。

供应链风险评估需要全面考虑各种潜在风险，如来自供应商、生产商、物流商等的风险。例如，供应商可能面临原材料价格波动、生产质量问题等风险；生产商可能面临设备故障、技术更新等风险；物流商可能面临运输延误、货物损失等风险。因此，企业需要综合考虑这些因素，对供应链进行全

面的风险评估。

加强供应链风险评估还需要建立完善的风险预警机制。通过对供应链中各个环节的实时监测和分析,企业可以及时发现潜在风险,并采取相应的应对措施。这种预警机制有助于企业提前做好准备,避免或降低风险对正常运营的影响。

为了加强供应链风险评估,企业还需要加强供应链管理人才培养。供应链管理人才需要具备全面的知识和技能,包括市场分析、供应商管理、物流管理等。通过培养专业的供应链管理人才,企业可以更加有效地进行供应链风险评估,及时发现并解决潜在风险。同时,企业还需要与供应商、物流商等合作伙伴加强合作,共同应对供应链风险,实现共赢发展。

当然,加强供应链风险评估并不是一蹴而就的过程。企业需要持续关注和跟踪市场环境的变化,不断调整和完善风险评估的方法和手段。

### 8.3.3　引入智能化手段,创新质量管控方法

科技的快速发展为企业运营带来了极大的便利。供应链质量管控作为确保产品质量的关键环节,正面临前所未有的挑战和机遇。传统的供应链质量管控方法虽然在一定程度上能够保证产品质量,但在应对复杂多变的市场环境和客户需求时,显得捉襟见肘。因此,借助智能化手段,创新供应链质量管控方法已成为企业提升核心竞争力的必由之路。

物联网技术的引入,使得供应链中的每一个环节都能够实现实时数据监控和采集。通过在产品、设备和运输工具上安装传感器,企业可以实时获取关于产品状态、环境条件和运输情况的数据,从而及时发现并处理潜在的质量问题。这种实时监控和数据采集的方式,大幅提高了供应链质量管控的效率和准确性。

大数据分析技术的应用,使得企业可以对供应链中产生的海量数据进行深度挖掘和分析。通过对历史数据的分析,企业可以发现质量问题的规律和趋势,从而预测未来可能出现的风险和挑战。同时,通过对数据的优化处理,企业可以制定更加科学合理的质量管控策略,提升整个供应链的效率和竞争力。

人工智能和机器学习技术的发展,为供应链质量管控的智能决策提供了强大的支持。通过训练模型和优化算法,系统可以自动学习和识别各种质量问题的特征和模式,为企业提供智能化的决策建议和处理方案。智能决策不仅提高了供应链质量管控的精准度和效率,还为企业节省了大量的人力和物力成本。

随着智能化技术的不断发展和完善,供应链质量管控的效率和精准度将进一步提升。因此,企业需要紧跟时代步伐,积极拥抱智能化技术,不断创新供应链质量管控方法,以应对日益激烈的市场竞争。

# 09

## 第 9 章

## 生产智能化提升供应链柔性

生产智能化对供应链柔性的提升具有显著的影响。随着科技的持续进步,智能化生产已成为制造业转型升级的关键路径。通过引入先进的生产技术和设备,企业可以实现生产过程的自动化、数字化和智能化,从而提高生产效率和产品质量。

# 9.1 生产智能化三大特性

柔性、韧性和延展性是生产智能化的三大特征，这三大特征相互交织、协同作用，共同驱动制造业向更高层次迈进。

## 9.1.1 柔性：以新模式响应新需求

自从"柔性生产"理念被提出，便在制造业中占据重要地位，持续推动工业化发展。柔性生产的核心是提升生产线的灵活性，以市场需求为导向，实现多品种标准产品的小批量集成生产或大规模生产，从而更好地适应订单导向的按需生产和快速交付需求。这种生产方式有助于提升生产效率和设备利用率，同时有效降低生产成本和人力资源管理成本。

柔性生产实际上是一项高度复杂的系统工程，它不仅依赖于常规设备和技术人员，更涉及数字技术的有力支撑、数字化标准的建立以及生产流程的优化等方面。在技术创新背景下，企业可以借助先进的技术来升级生产模式，以响应新的市场需求。

例如，吉利汽车积极借助数字技术升级自己的生产模式，以迎合不断变化的市场需求。吉利汽车的生产模式升级具体体现在以下三个方面：

### 1. 通过外部合作，实现数字化生产

如今，云计算、人工智能等技术越来越多地应用于生产过程。企业可以

借助这些技术更精准地把握市场,降低研发成本。吉利汽车充分利用技术,通过优化生产流程促进生产效率提升。此外,吉利汽车还借助 5G 改革生产网络,为工作人员配备 5G 智能设备。

为了打造更受客户喜爱的个性化产品,为客户提供更优质的服务,吉利汽车与阿里云在供应链、车联网、客户管理等领域达成合作。例如,借助阿里云 ET 工业大脑,吉利汽车能够进行生产工艺改良、生产制造流程的数据化控制、设备故障预测、生产线升级换代等。在各种技术的助力下,吉利汽车致力于转型为具有创新、协同等特质的新型汽车企业。

**2. 业务数据在线化,在线业务数据化**

吉利汽车通过一系列活动获取了很多客户的资料,这不仅加深了其与客户之间的联系,也为其制定下一步发展战略提供了科学依据。与此同时,吉利汽车还进行数字化运营,以达到实时获取动态信息的目的。通过实现从订单到运输的紧密融合,吉利汽车取得了业务数据在线化、在线业务数据化的重大突破,业务分析效率也因此得到了很大提升。

**3. 实现真正意义上的"新生产"**

在选购汽车等大型产品时,客户更重视安全性和售后服务质量,而这些都需要客户亲自体验。无论线上展示的汽车照片多么精美、资料多么丰富、售后保险多么详细,客户还是无法真切地感受驾驶汽车的体验,很难放心购买。为了打消客户的疑虑,获得客户的信任,吉利汽车在打造品牌口碑上不遗余力,一直积极探索新策略。

当然,要想获得客户的认可,最重要的还是用产品说话。吉利汽车的汽车质量保障来源于无数次测试,其中最具代表性的是模拟仿真测试——借助计算机辅助工程软件对汽车的驾驶情况进行模拟测试。通过多次测试,吉利汽车为客户提供更舒适的驾驶体验,给予其更安全、可靠的保障。

### 9.1.2 韧性:快速应对不确定因素

生产智能化具有韧性的特性,主要体现在其能够迅速应对和适应各种外部冲击和变化,如市场需求波动、供应链中断等。

智能化生产线通常采用模块化设计,可以根据需要增加或减少生产设备,实现生产能力的灵活扩展。这种设计使得企业在面对市场增长或收缩时,能够轻松调整生产规模,保持生产的稳定性和效率。

以某知名汽车制造企业为例,该企业通过实施生产智能化战略,成功提升了自身的韧性,能快速应对市场和技术方面的不确定因素。

**1. 市场需求快速响应**

该企业通过智能化生产线实现了对车型和配置的快速切换,满足了消费者多样化的需求。同时,通过大数据分析预测市场需求趋势,企业能够提前调整生产计划,避免库存积压和产能过剩。

**2. 供应链稳定性提升**

该企业利用智能化供应链管理系统,实时跟踪原材料和零部件的库存情况,预测供应链中断风险,并及时采取措施进行应对。例如,通过与供应商建立紧密合作关系,该企业能够确保在原材料短缺时获得优先供应,从而保持生产的连续性。

**3. 技术创新与融合**

该企业通过引入人工智能技术,实现了对生产过程的智能化监控和管理。例如,通过机器视觉技术检测产品质量,企业能够及时发现并解决生产过程中的质量问题;通过智能调度系统优化生产流程,企业能够提高生产效率并降低成本。

**4. 快速恢复与应急响应**

在发生突发事件时,如自然灾害或供应链中断,该企业能够迅速调整生产计划,利用备用生产线或替代供应商确保生产的连续性。同时,通过智能化生产系统的自我修复和优化能力,企业能够快速恢复生产并恢复市场竞争力。

生产智能化的韧性特点使其能够及时应对不确定因素。通过实施生产智能化战略,企业能够提升灵活性与敏捷性、预测与预警能力、自我优化与持续改进能力以及快速恢复与应急响应能力。这些能力的提升有助于企业在复杂多变的市场环境中保持竞争力并实现可持续发展。

### 9.1.3　延展性:构建供应链新生态

生产智能化的延展性特点主要指的是企业在实施智能化生产后,其生产能力、技术体系以及市场适应性等方面所展现出的广泛延伸和扩展的能力。这一特点有助于企业与行业中的其他企业以及供应链上的合作伙伴紧密协作,打造互利共赢生态链,构建供应链新生态。

在互利共赢生态链中,企业之间的竞争依然存在,但生态链强化了企业间的共赢性、联动性和发展的可持续性。企业要想尽快完成生产制造数字化转型,就要注重培养和发挥"生态链思维"。

传统的制造业是"生物体思维",而数字化时代的制造业是"生态链思维"。"生物体思维"也被称为"利己思维",是指企业只注重自身发展,不考虑对外部环境的影响。"生态链思维"则不一样,是指企业与合作伙伴、客户、社会共同成长、共同进步、共同受益、共同发展壮大,最终形成你中有我、我中有你的利益群体。

例如,小米就秉持"生态链思维",基于自身独特优势打造了生态链,和生态链中的合作伙伴共同成长。

小米的业务分为三个方面:一是硬件,包括手机、电视、路由器等;二是互联网服务,包括 MIUI、云服务、影业、金融等;三是新零售,包括小米商城、小米之家、全网电商、米家有品等。基于这些业务,小米形成了以自身为核心,涉及投资机构、业务群体、客户以及消费者的生态链,这一生态链被称为小米模式的"放大器"。

对于生态链中的每一家初创企业,小米都为其提供孵化所需的资源,如销售渠道、资金等。这些企业在小米的帮助下迅速发展,成为小米创新升级的坚实后盾,为小米拓展商业版图提供助力。

想要打造供应链新生态,企业就需要从战略高度整合供应链上下游伙伴的资源和能力,与合作伙伴共同提升供应链管理能力。企业应以客户为中心,在运营、管理和业务发展等环节相互融合的基础上加强与供应链上合作伙伴的合作,实现数据信息的灵活传递、价值的融合和创造,构建稳固的数字生态和价值链条。

## 9.2 智能化生产激活供应链

智能化生产能够引领供应链变革,激活供应链。敏捷开发能够快速响应市场需求,开辟生产捷径;思维方式的转变推动生产方式迭代,提升产品质量与效率。智能化生产不仅带来技术革新,更开启企业创新增长的新篇章,助力企业在市场竞争中脱颖而出,实现可持续发展。

### 9.2.1 敏捷开发开辟生产捷径

近几年,敏捷开发已经得到广泛应用,帮助很多企业开发出更好的产品。越来越多的企业尝试进行规模化敏捷开发,以最大限度地挖掘敏捷开

发的价值,开辟生产捷径。敏捷开发主要分为三个环节:

**1. 产品规划**

产品规划分为宏观的战略规划和拆分后的季度滚动价值规划。在宏观上,企业首先要明确产品需要达成的战略目标是什么、计划推出怎样的产品组合、走怎样的产品路线、如何调动手中的资源进行战略布局等问题。

而落实到每个阶段的实际操作中,企业需要针对产品进行具体规划,构建完善的技术平台,制订公开、透明的协同计划,确保团队之间配合默契。在产品发布之前,企业还要制订发布计划,确保新产品上市万无一失。

**2. 产品开发过程管理**

在产品开发过程中,企业要明确客户需求优先级,规划需求专题清单、个性需求清单以及迭代需求清单。

(1)需求专题清单。该清单主要包含客户对产品的功能性需求、可靠性需求和使用性需求。功能性需求要求产品具备基础功能和高级功能;可靠性需求要求产品性能稳定,并具备容错机制;使用性需求要求产品设计美观,具备及时反馈机制,并允许客户误操作。

(2)个性需求清单。该清单主要包含客户对产品的超前需求、特殊业务需求和自定义需求。超前需求只面向极少数客户,往往与主流客户的需求冲突。对于一些细分业务,个别客户会有特殊业务需求。企业需根据客户的价值,判断是否将其提出的特殊业务需求纳入个性需求清单。自定义需求是较为常见的个性需求,例如,客户希望企业在产品中加入自己的专属标识,以彰显个性。

(3)迭代需求清单。该清单的内容由产品部门、技术部门讨论后确定,不同产品的迭代周期不同,该清单的内容也有一定差异。在推出第一版产品或者产品只迭代了两三个版本时,企业就要规划好迭代需求清单。对于较为复杂的迭代需求,企业中的各部门应当予以重视,尽可能提前完成产品迭代。迭代需求清单模板见表 9.1。

**表 9.1　迭代需求清单模板**

| 需求迭代版本: | | | | 发布日期: | | |
|---|---|---|---|---|---|---|
| 序号 | 需求类型 | 需求标题及简介 | 需求优先级 | 需求状态 | 需求人 | 备注 |
| | | | | | | |
| | | | | | | |
| | | | | | | |

明确各类需求清单的内容后,企业就可以进行产品的敏捷开发与迭代。从客户的需求出发,在产品验收并发布之后,市场推广部门需要及时收集客户使用数据,并将其反馈给技术部门。技术部门需要对客户数据进行系统性分析,以提炼客户需求,优化产品的迭代需求清单。

根据迭代需求清单,技术部门可以修复产品故障,提升产品性能,并根据客户的创意需求增加产品功能。产品迭代完成后,产品经理进行测试,以检验产品稳定性。测试通过后,企业就可以发布新版本的产品。

**3. 产品运维**

产品上线之后,企业需要对其进行运维和运营。

(1)任务管理。产品运维工作由产品经理总领全局。产品经理需要对运维任务进行细分,确定任务的内容、目标以及周期,进而合理分配人力资源,确保运维任务顺利完成。

(2)灰度发布。这是一种产品发布策略,即企业面向部分客户发布新版本的产品,并收集客户使用数据。通过分析客户使用数据,企业能够明确产品改进方向,然后面向所有客户发布最终迭代完成的产品。

(3)运维监控。产品经理需要安排产品监控人员进行 24 小时值班,以对产品进行不间断的实时监控。产品监控人员需要按时汇报产品状态,确保其稳定、安全运行。一旦发现产品出现问题,值班员工应第一时间联系技术人员,以及时修复故障。

(4)事件处理。对于运维监控中值班员工发现的产品问题,技术人员要进行处理。首先,值班员工反馈产品问题后,技术人员需要及时响应,确认故障真实发生并判断其影响程度;其次,技术人员要进行应急修复作业。最后,技术人员要快速排查,确定故障原因,并据此优化产品。

**4. 产品运营**

在产品运营方面,企业需要从产品、客户、内容和数据四个方面入手进行运营,推动产品不断迭代优化。

(1)产品运营。运营人员需要对产品的功能、优势、市场需求进行整体规划,结合客户需求进行产品设计、测试与发布。通过分析客户使用数据,运营人员可以不断优化产品性能,提升客户的体验和产品的商业价值。

(2)客户运营。运营人员需要以客户为中心,通过电话、微信、邮件等形式,与客户保持长久联系,及时了解客户的产品使用情况,收集客户反馈,及时解决问题,满足客户诉求。此外,运营人员需要定期策划活动,以提升客户对企业的好感与忠诚度。

(3)内容运营。运营人员需要通过优质的产品内容吸引客户,增强客户黏性。运营人员需要对产品内容的主旨、形式进行规划,揣摩客户心理,以促使客户与企业共情为目的,创作出优质的产品内容。这不仅要求运营人员具备良好的创作能力,还要求其熟知当下营销手段,通过社交媒体提高产品内容的传播广度,激活潜在客户。

(4)数据运营。运营人员需要以数据为导向,使产品运营具象化、可视化。运营人员需要定义产品的"北极星指标",即产品的阶段性关键指标。

例如,产品社交媒体账号的订阅数、点赞数、互动数等。根据不同的数据指标,运营人员能够开展更具针对性的运营工作,优化产品数据。

规模化敏捷开发具有复杂性,会导致企业的效益降低,因此需要在管理方面构建一致性。这就需要多个团队在进度、范围、目标等多方面对齐,而且要在每个季度都进行规划,明确产品目标及需求优先级。在季度末,各团队要公开当前流程和成果,并制订下一季度的计划。

### 9.2.2 思维转变促使生产路径优化

在追求智能化生产的过程中,企业要先转变思维,即从以产品为中心转变为以用户为中心。在传统的思维方式下,大多数企业遵循"产品→用户"的生产路径,即企业先将产品制造出来,再在合适的市场中寻找目标用户。

然而,用户需求越来越趋于个性化、定制化,因此企业需要主动转变思维,促使生产路径从"产品→用户"转变为"用户→产品",即企业先通过调研了解用户的需求,再根据用户的需求制造相关的产品。

以小熊榨汁杯为例,该产品的诞生是由于小熊电器先通过调查了解到市场上的主流消费群体——年轻人更喜欢方便小巧的家电,同时更加注重产品的颜值。小熊电器将"随时随地鲜榨果汁""分享每一个鲜榨时刻"作为榨汁杯的宣传语,多维度、多场景地从用户的角度出发进行考虑,以用户为中心,生产迎合其喜好的产品,从而提高企业知名度和产品销量。

喜临门也遵循"用户→产品"的生产路径。喜临门发现很多人都有睡眠不好的问题,因此一直以"致力于人类的健康睡眠"为使命生产能够提高用户睡眠质量的床垫。截至 2023 年 11 月,喜临门已经拥有 1 000 多项全球技术专利。例如,喜临门的抗菌除螨床垫、椰棕弹簧床垫等都是针对不同人群的需求研发出来的产品,充分考虑到不同用户的不同需求,以优质、定制化的产品给予用户更好的睡眠体验。

　　作为供应链数智化转型的代表企业,盒马鲜生以生鲜产品为主要卖点。它抓住现在大多数年轻人不喜欢做饭的特点,向用户提供便于烹饪的生鲜食品,吸引了很多年轻用户。

　　盒马还使用了自动化物流设备,并运用"仓店一体"的核心逻辑,使每一家盒马实体门店既是一家门店又是一个仓库。例如,盒马每个线下门店的上方都有一个全自动悬挂链物流系统,这样能够快速拣选用户在线上选购的商品。同时,盒马门店还配备了一个传送系统,将分拣好的商品传送到集中的分拣台上,机器匹配好物品所属人后统一配送。

# 9.3　供应链数字工厂建设

　　数字工厂融合了先进的数字技术,将传统供应链转变为高效、智能、协同的全新生态。通过数字工厂建设,企业能实现生产过程的精准监控、资源的优化配置以及供应链各环节的无缝对接,极大提升运营效率与竞争力,开辟新的发展路径。

## 9.3.1　信息化建设:以信息平台追踪生产信息

　　数字工厂已成为制造业转型升级的重要标志,信息化建设在其中发挥着至关重要的作用,它不仅提升了生产效率,还为企业带来了前所未有的灵活性和竞争力。

　　信息化建设的核心在于构建一个集成化的信息平台,以实时收集、处理和分析来自生产现场的各种数据。通过物联网技术,设备传感器能够自动收集设备运行状态、产量、质量等关键数据,并将这些数据传输到云端或数据中心。企业通过对数据的分析和挖掘,为生产管理提供决策支持。

在生产管理层面,信息化建设使得生产计划的制订更加科学和精准。通过实时数据的反馈,企业可以及时调整生产计划,优化资源配置,减少库存积压,提高生产效率。同时,信息平台还能够实现对生产流程的可视化监控,使得企业能够及时发现并处理生产过程中的异常,从而保证生产的连续性和稳定性。

追踪生产信息是信息平台的一个显著优势。每一个产品都可以被赋予唯一的标识符,从而实现从原材料到成品全过程的追踪。这不仅有助于质量控制,确保产品符合标准和客户要求,还保证了在产品出现问题时能够迅速定位并解决问题,减少损失。

一些企业的信息化建设已经取得了显著成效。例如,德国西门子公司通过实施信息化建设战略,实现了生产效率的大幅提升。其数字工厂能够实现高度自动化的生产,通过信息平台对生产过程进行实时监控和优化。

## 9.3.2　数字化手段:自动化生产与生产环境监控

随着科技的不断进步,数字化手段已经成为当今企业生产和管理的有力支撑和关键驱动力。其中,自动化生产和生产环境监控成为企业提升竞争力、实现可持续发展的重要保障。

在生产制造领域,机器人技术起到十分重要的作用。在一些工厂中,机器人代替工人完成重复、危险的操作,实现自动化生产,显著提高了生产效率和生产质量。

例如,秦皇岛有一家占地面积约为500平方米,非常干净、整洁的水饺工厂。但奇怪的是,在这家水饺工厂中,看不到工人,取而代之的是各种各样、可以全天候不间断工作的机器人。

无论是和面、放馅，还是捏水饺，都由机器人完成，形成了一条完整的全自动化生产线。在这家水饺工厂中，有气动抓手、塑封机器人、分拣机器人、码垛机器人四种类型的机器人。

这些机器人分别负责不同的工作，其中，气动抓手主要负责抓取已经包好的饺子，并将其放到准确的位置上；塑封机器人主要负责给速冻过的饺子塑封；分拣机器人则需要给已经塑封好的饺子分类；码垛机器人可以将装好成箱的饺子整齐地码放在一起。

引进机器人后，水饺工厂的工人数量大幅减少，而且大多数工人在控制室或实验室工作，但工作效率没有下降。

水饺工厂用机器人代替工人，把工人从重复、繁重的劳动中解放出来，实现了智能化、自动化生产，优势凸显，竞争力更强。

实时监控生产环境能够帮助企业更好地了解生产过程中的问题和瓶颈，及时进行调整和优化。在过去，企业通常需要依靠专门的巡检人员定时巡查生产线以获取设备运行状态信息。如今，企业可以通过引入先进的数字监控设备实现对生产环境的 360°全方位监控。

360°生产环境监控主要有三个特点：

（1）实时监控。监控设备与生产系统无缝连接，为管理人员提供了一个全面了解工厂设备运行状况和生产实时情况的窗口。这些设备还能在显示屏上清晰展示生产流程图，通过动态图像的方式直观呈现数据，即使是非专业人员也能轻松理解。

（2）报警系统。报警系统在生产流程中发挥着重要作用。一旦出现问题，它就立即触发警报，确保管理人员能迅速响应。报警系统的功能可以实时反映生产过程中的异常情况，从而保障生产进度和产品质量，提升工厂的整体生产效率。此外,历史报警记录详细记载了工厂过去生产过程中遇到的问题,包括报警时间、确认时间以及恢复时间等关键信息。历史报警界面还展示了每次报警的处理方式和解决人员等信息,为企业后续出现类似问题时快速定位原因提供了有力支持。

(3)数据交互。数据交互功能使得监控设备能够实现与不同设备和系统之间数据的顺畅传输。这种无缝的数据交互打破了传统限制,帮助企业更加迅速地获取设备状态信息,为生产决策提供有力支持。通过这一功能,企业可以更加高效地管理和优化生产过程,从而在激烈的市场竞争中保持领先地位。

### 9.3.3 智能化应用:生产规划、过程智能管理

智能化技术在生产规划中的应用已经成为一大趋势。例如,利用机器学习和优化算法,企业可以建立基于数据驱动的生产规划模型,实现对生产资源的高效配置。与传统方法相比,这种方法具有更高的准确性和灵活性,能够快速应对市场需求变化。

智能管理系统可以通过集成各类生产数据和业务流程,帮助企业实现生产流程的持续优化。该系统可以实时监控生产现场的设备状态、生产进度等,通过数据分析发现生产中的问题,并提供针对性的优化建议。此外,智能管理系统还可以与生产执行系统、质量管理系统等其他业务系统集成,实现生产管理的全面智能化。

九江石化是一家历史悠久的炼化工厂,其智能工厂试点建设取得了显著成果。具体而言,通过引入前沿的信息技术,九江石化初步构建了数字化、网络化和智能化的制造框架,实现了创新发展、提质增效及转型升级。

九江石化在行业内率先构建了三个公共服务平台:集中集成平台、数字

炼厂平台和应急指挥平台。这些平台有效消除了信息孤岛,提升了整体运营效率。此外,九江石化还成功建成了生产管控中心,实现了"经营优化、生产指挥、工艺操作、运行管理、专业支持、应急保障"六位一体的功能定位,使生产运行管理模式从分散管控转变为集中管控。

在炼油全流程优化方面,九江石化自主研发了经济优化平台,通过双闭环管理,使生产经营在快速变化的市场中更具敏捷性和准确性。九江石化的数字炼厂平台实现了企业级全场景覆盖和海量动态数据的实时交互,并在实时泛在感知、安全环保管理等领域实现了深度应用。

值得一提的是,九江石化为了实现复杂生产环境下的高速无线网络全覆盖,率先建成了面向工业企业的移动宽带专网。九江石化通过智能巡检、施工作业视频监控、应急指挥管理等智能化应用,进一步提升了工厂的安全性和生产效率。

## 9.3.4　数实结合:基于数字孪生的数字工厂

在工业 4.0 的时代背景下,数字孪生正逐步成为引领制造业转型升级的核心驱动力。数字孪生是指通过创建一个虚拟模型来精确地映射现实世界中的物理对象、系统或过程。这种技术的应用,使得企业能够在数字空间中模拟、分析和优化生产流程,从而实现数实结合,打造数字工厂。

数字孪生的核心价值在于提供了一个无风险的实验环境。在这个环境中,企业可以测试新的生产策略、工艺流程和设备布局,而无须担心实际操作中的风险。这种模拟能力极大地提高了创新的速度和效率,同时降低了试错成本。

得益于传感器和物联网技术的加持,数字孪生具备实时追踪并精确捕获生产设备运行数据的能力,并能对这些数据进行深入分析。基于此,企业能够对生产过程进行全面监控,提前识别潜在的故障点,实现预测性维护,有效提升生产效率,延长设备使用寿命。

在基于数字孪生打造数字工厂的过程中,为确保数据的准确性和完整性,企业需构建高效的数据采集系统。同时,企业还需要开发或采用合适的数字孪生平台,以处理大规模的数据集,获取实时数据分析和可视化功能。

上汽大众 MEB 智能工厂是数字孪生技术在汽车制造领域的杰出应用。该工厂通过构建高度仿真的虚拟生产环境,实现了生产全过程的实时监控与优化。数字孪生技术不仅帮助该工厂提高了生产效率,还降低了能耗和成本。此外,MEB 智能工厂在生产线上大量采用工业机器人,并通过智能系统实现自动化排程和实时监控,确保了生产过程的稳定性和高效性。

某航空制造企业利用数字孪生技术,对飞机零部件进行三维建模和全寿命周期数字化管理。具体而言,该企业使用传感器和数据采集技术,实时监测飞机零部件的状态和性能,并将这些数据与三维模型相关联。通过数字孪生技术,该企业能够模拟飞机零部件在不同条件下的性能和行为,提前发现潜在问题和优化设计方案。此外,数字孪生技术还帮助该企业实现了对飞机零部件的快速替换和维修。

### 9.3.5 华为云工业互联网平台,助力企业制造协同

随着工业 4.0 的发展逐步深入,智能化和数字化已成为制造业转型升级的核心驱动力。在这一时代背景下,华为云工业互联网平台 FusionPlant 凭借其前瞻性的技术架构和全面的功能应用,助力企业实现制造协同,进而提升其市场竞争力。

华为云工业互联网平台 FusionPlant 以云原生理念为基石,引领企业全面实现数字化与云化转型。云原生不仅是一种技术趋势,更是一种思维方

式,它强调以云服务为基础,构建灵活、可扩展的应用架构。通过云原生技术,企业可以更加便捷地实现 IT(信息技术)与 OT(运营技术)的融合以及数据、应用、业务的全面云化。

华为云工业互联网平台 FusionPlant 旨在帮助企业打造增量的智能决策系统。该平台以业务在云端的敏捷开发和边缘的可信运行为核心,为企业提供一站式的工业互联网解决方案。该解决方案包括连接管理平台、工业智能体、工业应用平台三大部分。这些组件协同工作,帮助企业实现生产资源优化配置,提升生产效率,降低运营成本。

华为云工业互联网平台 FusionPlant 利用物联网技术,实现了供应链各环节信息的及时采集和传输。通过部署互联网设备和传感器,企业可以实时了解原材料采购、库存、运输等环节的状态,从而实现供应链透明化管理和优化,提高了供应链的响应速度和灵活性,降低运营成本和风险。

通过实时数据分析技术,华为云工业互联网平台 FusionPlant 建立了有效的实时监控和预警系统,可以自动检测和识别生产过程中的异常情况,及时提醒管理人员进行处理,从而避免生产事故发生。通过实时数据分析的赋能,企业可以更加高效地管理生产过程,提高生产稳定性和安全性。

# 9.4　供应网络设计

供应链网络设计指对供应链体系内各节点企业、物流通道、信息流及资金流等关键要素进行系统性规划与布局。在当今的商业环境中,一个高效、灵活且可靠的供应网络对于企业获得成功至关重要。

### 9.4.1 多地协同,供应链信息共享

随着全球化的深入发展,企业的供应链不再局限于某一特定区域,而是跨越多个地区甚至国家,形成一个复杂而庞大的网络。为了确保企业顺畅运转,不同地区的供应链要实现有效的协同合作,包括但不限于生产、物流、销售等各个环节。通过多地协同,企业可以更好地整合资源,提高运作效率,降低成本,从而更好地满足客户需求。

在供应链管理中,信息是非常重要的资源。供应链中的各个环节需要共享关键信息,以便更好地决策、规划和执行。这些信息包括但不限于需求信息、库存信息、生产计划等。通过信息共享,供应链中的各个环节可以及时了解市场变化从而作出更精准的决策。

鉴于现代供应链通常涉及多个国家和地区,覆盖广泛的供应网络和多样化的利益相关者,因此信息共享的重要性更加凸显。实时、准确的信息共享不仅可以加强供应链各环节之间的协同合作,提高整体运作效率,更有助于建立并加深商业伙伴之间的信任,促进形成长期稳定的合作关系。因此,供应链中的企业应重视信息共享机制的构建和完善,为供应链的持续优化和发展提供坚实基础。

多地协同和供应链信息共享可以为企业带来诸多好处。

(1)通过协同合作和信息共享,企业可以优化供应链流程和资源配置,实现供应链整体优化和协同发展。这不仅可以提高供应链的整体效率和灵活性,还可以降低成本,提高服务质量,增强市场竞争力。

(2)及时了解市场需求和库存情况等信息,企业可以更好地进行生产与库存管理,避免库存积压和浪费。

(3)通过加强各个环节之间的合作与信任,企业可以建立更加紧密稳定的供应链合作伙伴关系,从而应对市场变化和不稳定性。

### 9.4.2　汽车供应链优化,实现模块化生产

汽车模块化生产指的是通过标准化设计与制造流程,将汽车各组成部件统一化,以便不同车型间的部件共享与组装。这种生产方式旨在提升生产效率,降低成本,并促进汽车产业的可持续发展。

**1. 汽车模块化生产的优势**

汽车模块化生产的优势主要体现在以下五个方面:

(1)生产流程更灵活。传统汽车生产方式遵循固定的生产流程,每种车型都配备有专属的生产线。然而,模块化生产将汽车划分为若干独立模块,这些模块可分别进行生产、测试和组装,具有更高的生产灵活性。

(2)定制化程度提升。传统汽车生产方式在应对客户个性化需求方面存在局限,而模块化生产则以其高度定制化的特点,赋予客户更多选择权。客户可根据个人需求和喜好,灵活搭配不同的模块,实现高度个性化定制。

(3)成本更低。传统汽车生产方式通过流程标准化实现大规模生产,从而有效降低单位成本。然而,在面对小批量生产或定制化需求时,其成本相对较高。相比之下,模块化生产以其灵活性和可定制化特点,有效降低了库存成本和生产成本,经济效益和生产效率更高。

(4)市场响应速度更快。在模块化生产模式下,由于生产线可以迅速调整以适应市场需求的变化,因此企业能够更快地推出新产品或调整产品配置以满足市场需求。这种快速响应市场的能力不仅有助于企业抢占市场先机,还能使企业在激烈的市场竞争中保持领先地位。

(5)质量控制更精确。在汽车模块化生产过程中,每个模块都经过独立的生产和测试。由于每个模块都是独立的,因此一旦出现问题,企业可以迅速定位并解决,从而避免了整个生产线因单一问题而停工的情况。这种精确的质量控制不仅有助于提升产品质量,还能够为企业赢得良好的市场口

碑和品牌形象。

**2. 汽车供应链的优化**

为了实现汽车模块化生产,汽车企业需要对以下几方面进行优化:

(1)供应商整合。选择具有强大研发和生产能力的供应商,与它们建立长期稳定的合作关系,确保模块的质量和供应链的稳定性。

(2)信息共享。打造供应链信息平台,实现各环节之间的信息共享,确保供应链的透明度和协同性。

(3)库存管理。通过精确的库存管理和预测,确保模块的库存既不过多也不过少,避免库存积压和浪费。

(4)物流配送。根据模块化生产的特点,优化物流配送的路线和方式,确保模块及时送达。

通过采取这些举措,汽车供应链得以优化,还能确保模块化生产顺利进行,提升汽车的生产效率和产品质量。这将为汽车企业在竞争激烈的市场环境中保持领先地位提供重要支持,助力企业获得更大的市场份额和竞争优势。

### 9.4.3 分布式智能生产网络,优化生产流程

分布式智能生产网络是一种将生产过程分解为多个独立但相互连接的生产单元的网络结构。这种结构能够优化生产流程,提高生产效率,降低成本,并增强供应链的灵活性和响应能力。

转型工场(北京)科技有限公司始终致力于科技推广与应用,对于工业互联网和区块链技术具有深刻的理解。公司凭借在制造业领域的丰富经验和对区块链技术的精湛掌握,创新性地将工业云与区块链技术相结合,构建出一个云链融合、具备前瞻性的分布式智能生产网络。此举不仅为制造业

的商业模式带来了全面革新,更成为工业互联网落地实施的有效途径。

通过智能生产网络,企业能够实现一键式大规模定制,满足消费者日益碎片化的需求。在当前的互联网时代背景下,生产性服务正逐渐成为制造业的核心发展方向。为此,分布式智能生产网络倡导企业在生产过程中注重个性化需求的满足,并以此为基石创造价值。此外,该网络还为接入企业提供了一套简便易行的合约范式,使得简单的重复生产也能产生独特的价值。这一创新模式不仅提升了制造业的效率和灵活性,也为整个行业带来了前所未有的发展机遇。

通过引入"用户创造内容"的理念,分布式智能生产网络给传统制造业的生产模式带来了颠覆性变革。在这一模式下,产品研发过程逐渐转变为以用户为主导,使得用户能够更早、更直接地参与到产品研发和生产过程中。借助分布式智能生产网络的优势,产品得以不断完善和优化,企业生产与市场、客户之间保持紧密的联系,从而确保了企业的利润。

分布式智能生产网络的一大优势在于降低了初始阶段的成本,为企业实现新技术、产品的产学研一体化提供了有力支持。同时,庞大的分布式制造网络汇聚了丰富的社会资源,进一步拓展了企业的创新边界。

基于分布式智能生产网络,企业可以实现价值生命周期管理,即通过对产品价值产生、流动、增值等各环节的数据进行闭环管理,实现价值流动自动化。

在分布式智能生产网络中,数据能够在任意节点间实现点对点的高效传输,保证了信息的实时交互与共享。基于此,研发、设计、生产、销售等各个环节的数据得以打通,实现了全链条的数据协同与整合。此外,订单信息、历史记录等重要数据被记录在区块链上,借助区块链技术的分布式存储特性,确保了数据的不可篡改性与去中心化协作的安全性。这不仅为产品溯源提供了便捷可靠的途径,同时也大幅提高了交易流程的效率与自动化水平。

　　通过运用工业互联网技术,分布式智能生产网络将重塑全球工业市场,以扁平化、合作性的新型产业结构,替代传统层级化、金字塔式的产业架构。这个由数以万计节点互联互通的分布式制造网络,将全面覆盖从产品设计到制造的全部流程,大幅降低产品生产成本,提高企业运营效率。

# 10

## 第 10 章

## 供应链物流实现可视化管理

　　供应链物流涉及众多企业的各种信息,包括货物的位置、运输状态、库存情况等。这些信息的及时获取和掌握对企业的运营和决策至关重要。因此,供应链物流可视化作为一种重要的技术手段,逐渐受到了企业的广泛关注和应用。

# 10.1 供应链物流体系可视化

为了提高供应链的透明度和效率，许多企业开始探索实现供应链物流体系可视化的方法。供应链物流体系可视化是指通过信息技术手段，将供应链中的各个环节、节点、运输工具等信息实时呈现给企业和客户，实现供应链透明化。这有助于企业更好地掌握供应链的运作状况，提高决策效率和准确性。

## 10.1.1 物流体系可视化的三个层次

物流体系可视化分为基础、中级和高级三个层次，如图 10.1 所示。

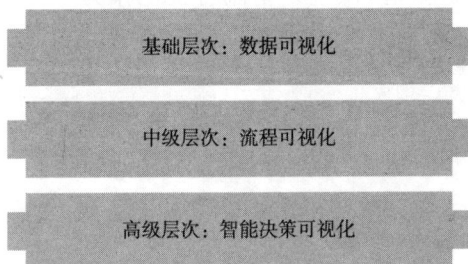

图 10.1 物流体系可视化的层次

**1. 基础层次：数据可视化**

数据可视化是物流体系可视化的基础层次，也是最为直接的表现形式。在这一层次，物流系统收集、整合、处理物流过程中的各类数据，运用图表、曲线、地图等视觉元素进行展示,使得物流运作的各个环节、各项指标得以直观地呈现出来。例如,企业实时监控货车的位置、速度、载重等信息,可以确保货物按时、按量到达目的地;通过对历史数据的分析,企业可以预测未来物流需求的变化趋势,为决策提供依据。

### 2. 中级层次:流程可视化

流程可视化是物流体系可视化的中级层次,它要求将物流运作的整个过程进行可视化展示。在这一层次,物流系统通过对物流流程进行梳理、优化,将各个环节的衔接关系、资源分配情况、风险控制点等信息以流程图、甘特图等形式进行展示。这使得企业能够全面了解物流运作的整个过程,从而发现潜在的问题和瓶颈,及时进行改进和调整。

### 3. 高级层次:智能决策可视化

智能决策可视化是物流体系可视化的高级层次,它要求将数据分析、机器学习、人工智能等先进技术应用于物流决策过程。在这一层次,物流系统通过对海量物流数据的深度挖掘和分析,结合智能算法进行预测、优化和决策,将决策结果以可视化的形式呈现给企业。例如,物流系统通过智能分析货物的运输路径、运输时间、运输成本等因素,为企业提供最优的物流方案;通过对历史数据的学习和训练,物流系统能智能预测未来的物流需求变化,为企业的战略规划提供数据支持。

物流体系可视化不仅提升了物流运作的透明度和效率,还为企业决策提供了强有力的支持。从基础层次的数据可视化到中级层次的流程可视化,再到高级层次的智能决策可视化,每个层次都为物流管理带来了质的飞跃。通过不断优化和升级,物流体系可视化将帮助企业更好地应对市场变化,提升竞争力,实现可持续发展。

### 10.1.2 多种可视化系统融合应用

针对物流环节,市面上有很多可用的可视化系统。将这些系统结合起来,有助于企业实现物流体系可视化,打造完善的物流管理体系。

物流运输可视化系统是实现物流可视化的重要基石。通过在货物上安装传感器或使用条形码、二维码等技术,企业可以实时追踪货物的位置、状态和运输进度。无论是在陆运、海运还是空运过程中,物流运输可视化系统都能为企业提供准确的信息,让企业随时掌握货物的动态。企业的管理人员只需坐在办公室里,通过电脑屏幕就能看到货物在地图上的移动轨迹,清晰地了解每一个包裹的去向。

库存管理可视化系统可以实现仓库内货物的精准定位、库存状态实时监控以及自动化分拣与拣选,为物流体系可视化提供基础数据支持。企业可以通过该系统直观地了解库存的数量、种类和存储位置。当库存水平过低时,系统会自动发出警报,提醒企业及时补货;当库存积压时,企业可以迅速采取措施进行促销或调整生产计划。这种可视化的库存管理不仅提高了企业的运营效率,还降低了库存成本,为企业创造了更大的利润空间。

数据分析可视化系统能够将物流追踪系统和库存管理系统收集到的数据整合并进行分析,以图表、报表等形式将结果呈现出来。基于此,企业可以发现物流运作中的瓶颈和问题,制定更加科学合理的物流策略。例如,企业可以根据数据分析结果优化运输路线,减少运输时间和成本;根据客户需求变化调整库存,以及时满足客户需求。

将这些可视化系统结合起来,企业的物流体系将焕发出全新的活力。企业可以实现从订单生成到货物交付的全程可视化管理,及时响应客户的需求,提高服务质量。

### 10.1.3　谷歌：整合数据，打造可视化供应链

在供应链管理中，数据是最基本的资源。然而，由于供应链涉及的环节众多，数据来源复杂，数据整合成为一个巨大的挑战。谷歌通过其强大的数据整合能力，将各个环节的数据进行整合，形成了一个全面、准确的数据仓库。

为了实现数据整合，谷歌采用了多种技术手段。首先，谷歌利用其搜索引擎和大数据分析技术，从各个渠道搜集了大量的供应链相关数据。其次，谷歌通过云计算和人工智能技术，对这些数据进行清洗、整合和分析，提取出有价值的信息。

在数据整合的基础上，谷歌通过先进的可视化技术，将复杂的供应链数据转化为直观的图表、地图和动画等形式。这些可视化工具不仅展示了供应链的实时状态，还能够揭示潜在的瓶颈和问题。例如，通过地图可视化，谷歌可以清晰地看到货物的运输路线和实时位置；通过图表可视化，则可以直观地分析库存水平、订单处理时间和客户满意度等关键指标。

谷歌的可视化供应链具有许多优势。首先，整合了各个环节的数据，形成了一个全面、准确的数据仓库，为谷歌提供了更加全面、准确的信息支持。其次，使谷歌可以更加直观地了解供应链的运行情况，提高了决策效率和运营水平。最后，通过云计算和人工智能技术实现了数据实时更新和分析，使得谷歌可以更加及时地发现并解决问题。

值得一提的是，谷歌的可视化供应链还具备强大的数据分析和预测功能。通过对历史数据的挖掘和分析，它能够预测未来的市场需求、供应链瓶颈等问题，为谷歌提供预警和决策支持。这使得谷歌在面临复杂多变的市场环境时，能够更加从容地应对挑战，保持竞争优势。

可视化供应链作为谷歌智能化建设的重要成果，为其带来了诸多好处。

随着技术的不断进步和应用场景的拓展,可视化供应链将在未来发挥更加重要的作用,为谷歌创造更大的价值。

# 10.2 物流可视化管理三大环节

高效的仓储管理确保货物妥善存储与快速调配,而优化的运输管理则影响着产品的及时交付与成本控制,如图10.2所示。物流可视化管理在仓储、运输和清关三个环节中都发挥着重要作用。通过实现各环节信息透明化、实时化和可视化,物流可视化管理可以提高物流运作效率、降低运营成本并增强风险控制能力。随着科技的不断进步,物流可视化管理的应用将更加广泛。

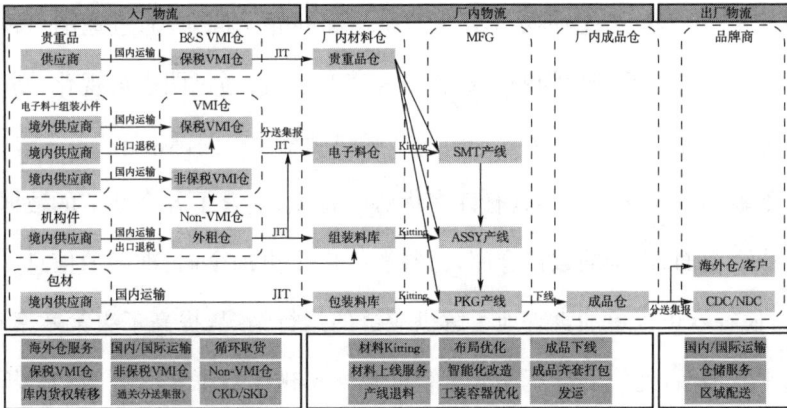

图 10.2 企业物流仓储运输管理全景

## 10.2.1 仓储可视化管理:智能补货,供需平衡

企业可以利用人工智能技术对仓储管理进行优化,实现智能补货,从而确保供需平衡。这样,无论市场需求如何变化,企业都能迅速响应,抓住每一个销售良机。

具体来说,企业可以建立智能补货算法模型,利用供销数据实现智能补货,拉开自身与竞争对手之间的差距。利用模型实现智能补货其实就是利用大数据、人工智能等技术帮助门店制定补货策略,具体步骤如下:

**第一步,库存数据清洗与入库**

掌握数据,便能更好地进行管理。企业应该将各个仓库的库存数据统一入库并应用于构建补货模型,方便管理人员进行调取。企业还要对产品库存的变更情况进行实时更新,为每个对产品销量产生重大影响的因素建立专门的数据库。企业可以考虑使用库存智能识别、RFID 等相关技术辅助产品的追踪。

**第二步,供应链考察**

在将产品库存信息进行整合后,企业还需要对整条供应链进行全面考察,了解从订单产生、供应商响应到产品送达的全过程,从而实现供货路径最优化,实现联合补货,进一步提升库存管理水平。

为了更有效地支持这一流程,企业可以搭建 ERP 系统,邀请供应商上传供应链信息,以便企业实时监控和管理。

**第三步,搭建模型框架**

企业需要梳理第一步、第二步收集到的信息,将数据处理后,通过算法找出它们之间的规律或逻辑结构,为智能补货模型的构建奠定坚实的基础。在设定好必要的变量后,智能补货模型的基本框架就搭建完成了。

为了确保模型的准确性和有效性,企业还需密切关注产品销量的每一次明显波动,深入分析其背后的原因,并据此制定相应的应对策略和解决方案。

**第四步,完善补货模型**

首次构建的补货模型可能由于数据偏差等原因而需要进一步完善和调

整。为了确保模型的有效性和准确性,企业在模型运行一段时间后应对其进行全面评估,识别并修正可能存在的缺陷。这可能涉及检查模型是否遗漏了关键变量、是否错误地使用了某些变量,以及模型是否适用于所有场景。

通过遵循上述步骤,企业建立的补货模型将能够有针对性地解决库存问题,提高资金周转率,并显著减少积压库存。

### 10.2.2 运输可视化管理:实现货物追踪与运输调度

作为供应链的重要组成部分,运输环节的管理效果直接影响到供应链的整体运作效率。为了提高运输管理水平,实现货物追踪与运输调度,企业需打造运输管理系统(transportation management system,TMS),实现运输可视化管理,如图 10.3 所示。

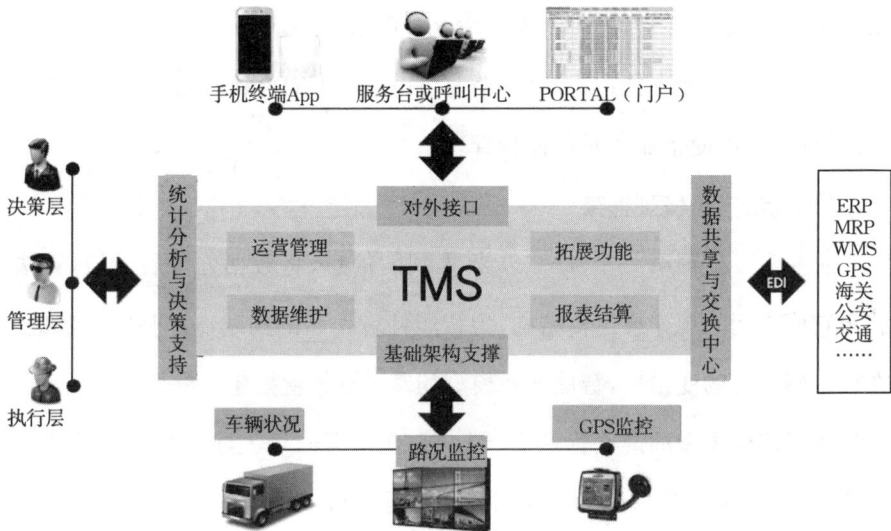

图 10.3 运输管理系统

运输可视化管理的核心目标是实现货物的实时追踪、运输资源的合理调配和运输过程的优化。通过对运输过程的实时监控,企业可以及时了解货物位置、状态等信息,确保货物安全、快速地到达目的地。同时,运输可视化管理有助于企业合理调配运输资源,优化运输路线,缩短运输时间,提高运输效率。

运输可视化管理有助于企业全面了解运输成本构成,通过数据分析,发现成本控制的薄弱环节,从而降低运输成本。此外,通过实时监控,企业可以减少货物在途中的损耗,降低损失。

此外,运输可视化管理能够帮助企业实现供应链各环节的协同作业,提高供应链的整体运作水平。通过对运输过程的实时监控,企业可以更好地协调供应商、制造商、分销商和客户等各方,实现供应链优化。

对于客户而言,运输可视化管理带来了更加透明、高效的物流服务。客户可以实时了解货物动态,提前做好收货准备,降低仓储成本。同时,运输可视化管理有助于提高货物送达的准确性和时效性,提升客户满意度。

企业应根据自身需求,选择合适的运输可视化管理软件或系统,实现对运输过程的实时监控、调度和分析。同时,企业需要建立一套完善的运输数据采集、传输和处理机制,确保数据的实时性、准确性和完整性。建立健全运输调度和应急响应机制也是必要的,企业应根据运输过程中的实时数据,灵活调整运输计划,确保货物安全、快速地到达目的地。

运输可视化管理是企业提高供应链运输效率、降低运输成本、提高客户满意度的重要手段。企业应充分认识其重要性,积极实施运输可视化管理策略,以提升供应链的整体竞争力。

### 10.2.3　清关可视化管理:实时追踪货物清关进程

清关可视化管理是一种利用信息技术手段,将货物的清关过程以可视化方式呈现给相关人员的管理方法。通过实时追踪货物的清关进程,企业、物流公司和海关等相关部门可以更加清晰地了解货物的实时位置和状态，从而有效地提高清关效率，降低贸易成本，提升客户满意度。

为了更好地管理清关流程，提高清关的准确性和时效性，越来越多的企业采用清关可视化管理策略，并借助关务管理系统（customs management system，CMS）来实现这一目标。如图 10.4 所示。

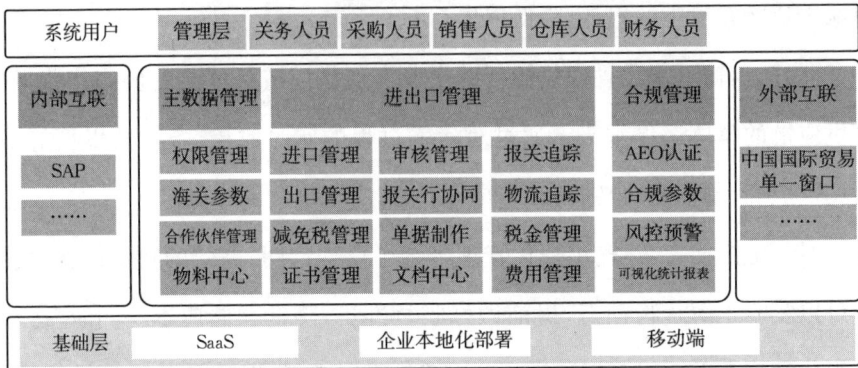

图 10.4　企业关务管理系统应用架构示例

清关过程往往涉及众多复杂的程序和环节，包括申报、查验、征税、放行等。传统的清关管理方式存在信息不透明、沟通不畅等问题，企业难以准确掌握货物的清关进度，这可能导致生产计划被打乱、库存积压、客户满意度下降等不良后果。而采用 CMS 进行清关可视化管理，则可以有效地解决这些问题。

**1. CMS 能够实时追踪货物清关进程**

通过与海关系统的数据对接，企业可以在系统中随时查看货物的申报状态、查验进度、税费缴纳情况等信息。无论是在办公室还是在外出差，企业管理人员都可以通过电脑、手机等设备随时了解货物的清关动态，及时作出决策。例如，当发现货物在查验环节出现问题时，企业可以迅速与相关部门沟通协调，提供所需的资料或进行解释，以加快查验进度，避免货物滞留海关。

**2. 清关可视化管理有助于提高企业的风险管理能力**

在国际贸易中,海关政策的变化、贸易壁垒等因素都可能给企业的清关带来风险。通过 CMS,企业可以实时关注海关政策的动态变化,提前做好应对准备。同时,系统可以对货物清关过程中的风险点进行预警,如申报信息不准确、税费计算错误等,帮助企业及时发现并纠正问题,降低清关风险。

**3. 清关可视化管理还可以提升企业的客户服务水平**

对客户来说,及时了解货物的运输进度是非常重要的。通过 CMS,企业可以将货物的清关进程信息实时反馈给客户,让客户随时掌握货物的动态,提高客户的满意度。同时,企业也可以根据清关进度合理安排生产和销售计划,更好地满足客户的需求。

总之,清关可视化管理是提高供应链效率、降低风险、提升客户服务水平的重要手段。而 CMS 的应用则为实现清关可视化管理提供了强大的技术支持,通过实时追踪货物清关进程,企业可以更好地掌握清关动态,作出科学决策。

## 10.2.4　德邦:引入互联网技术,实现物流可视化管理

德邦快递是一家员工众多、组织架构复杂的物流企业。其以"互联网＋物流"的方法,实现了物流运输透明化,探索出一条适合自己的转型之路。此外,德邦快递以数字化转型推动信息透明化,显著提高决策效率。

德邦快递以数字化转型应对传统快递行业存在的弊端,并制定了大件快递战略。德邦快递依靠零担物流起家,一直致力于推陈出新,将先进技术引入传统快递行业,并与华为、腾讯等企业合作。

德邦快递与华为合作,引入了华为的云服务,在物流云、智慧物流园等领域深入探索,能够自动对快递单信息进行识别、数据备份、网络传输等。

德邦快递还使用了华为的光学字符识别（optical character recognition，OCR）技术，能够识别快递单的内容并将其转化为可以编辑的文本，有效降低人工手动处理快递单的成本，提高数据录入效率。

德邦快递与腾讯合作，借助企业微信连接用户、企业、系统和商业，打造了生态闭环。借助企业微信，德邦快递的员工能够与同事、用户和供应商对接，实现快递信息同步，使每个快递都能安全、高效送达。

在"双 11"期间，快递量大幅增加。为了应对快递量激增下的"暴力分拣"问题，确保快递安全和用户满意度，德邦快递制定了完善的应对机制。

（1）德邦快递为物流中心的摄像头接入了"违规操作 AI 智能识别"系统。这套"不走神"系统能够对快递分拣区域进行全时段监控，使工作人员能够专心分拣，违规操作率大幅降低。

（2）德邦快递独立研发了"大小件融合自动分拣多层立体自动化分拣系统"，能够对大件货物与小件货物进行智能分拣，实现货物的高效处理。

（3）德邦快递设置了自动识别"暴力动作"的功能，便于排查和制止"暴力行为"，能够有效降低员工"暴力分拣"的概率。

总之，德邦快递从多个方面入手引入先进的数字化技术和工具，赋能自身业务全流程转型升级。

# 10.3　逆向物流可视化管理

逆向物流是物流领域的一个特殊分支，是指商品从消费点（包括终端用户和供应链上的所有客户）到来源点的物理性流动。这种流动不仅涵盖了使用过的包装、处理过的计算机设备，还包括未售商品的退货和机械零件的回收等,是商品和资源重新利用的重要环节。在当今的商业环境中,逆向物流可视化管理显得尤为重要,它能够帮助企业更好地掌控逆向物流的各个环节,优化资源配置,提高运营效率。

### 10.3.1　两大价值:货物退换+产品回收

逆向物流可视化管理的价值体现在货物退换和产品回收两个方面。

**1. 货物退换**

逆向物流可视化管理对货物退换具有重要的价值。在传统物流管理中,货物退换往往是一个复杂而烦琐的过程。而逆向物流可视化管理通过运用先进的技术手段,如 RFID、物联网等,对退换货物进行实时、全面的追踪与管理。这样一来,不仅可以减少货物退换过程中的人为错误和疏漏,提高退换货物的准确性和及时性,还可以通过数据分析和统计,深入了解退换货物的原因和频率,为企业优化货物管理流程提供依据。

**2. 产品回收**

随着环境保护意识的增强,各个行业都在积极推动产品回收工作。逆向物流可视化管理通过建立完善的回收体系和信息平台,实现对废弃产品的全程跟踪、监控和管理。通过逆向物流可视化管理,企业可以清楚了解到废弃产品的数量、位置以及状态等信息,从而及时采取有效的回收措施,并在管理上实现精确定位、高效操作。此外,逆向物流可视化管理还可以实现对回收产品的分类、分拣和再加工等操作,提高资源的再生利用率,为环境保护和可持续发展作出贡献。

综上所述,逆向物流可视化管理对货物退换和产品回收具有巨大的价值。通过逆向物流可视化管理,企业可以提高货物退换的准确性和及时性,降低成本和风险;同时,还可以实现废弃产品的全程管理和资源再利用,实现可持续发展。在现代物流管理中,逆向物流可视化管理势在必行,将为企业带来更高的效益和更大的竞争优势。

### 10.3.2 主动式逆向物流平台实现产品生命周期管理

主动式逆向物流平台是一种新兴的供应链管理工具,它通过逆向物流的方式实现了产品生命周期的全程可追溯和管理。

随着社会经济的快速发展和消费者对环境保护的日益关注,逆向物流概念逐渐受到重视。传统的物流模式以正向运输为主,即从生产商到消费者的单向流动。然而,在产品生命周期中,往往存在退货、回收和再利用等逆向运输的需求。为了应对这些需求,主动式逆向物流平台应运而生,它能够将逆向物流各方(如供应商、分销商、零售商等)连接起来,实现物品的返程流转。

在运作机制方面,主动式逆向物流平台依托先进的信息技术和物流网络,能够实现全流程数据的实时监控。当客户需要退货时,他们可以通过平台提交申请,并按照流程进行操作。平台根据商品的具体属性和质量状况,选择合适的逆向运输方式,如公路运输、空运等。在整个运输过程中,平台提供实时的跟踪信息,让各方及时了解货物的位置和状态。

借助主动式逆向物流平台,产品生命周期管理得到了有效优化。首先,逆向物流减少了资源浪费和环境破坏,有利于可持续发展。其次,平台的追溯功能可以对产品生命周期进行全程监控,包括生产、配送、使用和终端处理等环节,提高了供应链的透明度和可信度。最后,平台还有助于提高产品质量和售后服务水平,强化企业的竞争力和品牌形象。

主动式逆向物流平台的出现为产品生命周期管理带来了全新的解决方案。它通过逆向物流的方式实现了退货、回收和再利用等环节的优化和管理,提高了供应链效率和可持续发展水平。随着科技的不断进步和人们环境保护意识的增强,相信这种平台将在未来得到更广泛的应用。

# 10.4　打造数智化供应链物流

数智化供应链物流以先进的技术和创新的理念,重塑着物流行业的格局。它不仅能提升物流效率,降低成本,更能增强企业的竞争力和应变能力。大数据、人工智能等技术与物流深度融合,精准的需求预测、高效的运输配送、智能的仓储管理都得以实现。

## 10.4.1　信息化建设:构建多元化物流管理体系

随着全球化和电子商务的飞速发展,企业面临着前所未有的挑战和机遇。为了应对挑战,抓住机遇,企业必须进行信息化建设,构建多元化物流管理体系。这不仅是物流行业发展的必然趋势,也是提高物流效率、降低成本、提升竞争力的关键所在。

对企业而言,多元化物流管理体系意味着能够灵活应对各种市场变化和客户需求,实现物流信息的实时监控与跟踪。从货物的出库、运输到最终的交付,每一个环节都能在信息系统中清晰呈现。这不仅让企业能够及时掌握物流进度,也为客户提供了透明、可靠的服务体验。

在构建多元化物流管理体系方面,企业需要从以下几个方面入手:

(1)企业要整合各类物流资源,包括运输、仓储、配送等资源,形成一个统一的物流网络。这样不仅可以提高物流效率,还能降低物流成本。

(2)企业要推动物流服务个性化,以满足不同客户的需求。例如,企业可以通过提供定制化的配送服务、增值服务等,提升客户满意度。

(3)要加强与供应链上其他主体协同合作,实现资源共享、互利共赢。这可以通过建立物流联盟、开展跨界合作等方式实现。

总之,构建多元化物流管理体系是信息化建设的重要组成部分。该体系可以为企业的发展注入新的活力,为企业赢得更多商机。

### 10.4.2　数字化工具:实现数据传输与自动化操作

在当今全球化的经济环境下,供应链物流起着至关重要的作用。随着市场竞争加剧和客户需求多样化,传统的人工操作已经无法满足快速、高效的供应链物流管理需求。因此,打造数智化供应链物流并充分利用数字化工具已成为行业发展的必然趋势。

在数据传输方面,数字化工具的应用极大地提升了信息流通的效率。其中,EDI 软件作为经典的数字化工具,通过标准化的数据格式和传输协议,实现了企业间业务文档的快速、准确交换,有效减少了人工干预,确保了数据传输的及时性和准确性。

此外,ERP 系统将企业内部各个业务流程(如采购、生产、销售等)进行集成,实现了业务流程数字化管理。通过 ERP 系统,企业能够实时掌握物流环节的各项数据,为管理决策提供有力的数据支持。而物流信息平台则进一步整合了物流企业、运输工具、货物等多维度信息,提供了实时物流跟踪、调度优化、仓储管理等全方位服务,显著提升了物流运作的整体效率。

在自动化操作方面,数字化工具同样发挥着举足轻重的作用。自动化仓储系统的应用,使得仓储环节实现了从货物存储、拣选到装载的全程自动化操作。借助自动堆垛机、无人搬运车等先进设备,仓储效率与准确性得到了大幅提升。

在运输环节,数字化工具也展现出了强大的潜力。自动驾驶技术、机器人配送系统的引入,使得无人驾驶车辆和机器人能够承担运输任务,有效降低了人力成本,提高了运输效率。此外,智能配送系统的应用为配送过程带来了革命性的变革。通过 GPS 定位技术和先进的路线规划算法,智能配送系统能够实时优化配送路线并进行动态调整,从而大幅减少运输时间和成本。

综上所述,利用数字化工具实现供应链物流中的数据传输与自动化操作,不仅能够显著提升供应链的效率和灵活性,降低运营成本,还能够为客户提供更加优质、高效的服务体验。这对于企业实现可持续发展、增强市场竞争力具有重要意义。

### 10.4.3　智能化应用:多方面赋能物流运输

在当今快速发展的数字化时代,物流运输行业正经历前所未有的变革。智能化应用作为这场变革的核心驱动力,正在从多个方面深刻赋能物流运输,推动其向更高效、更智能、更可持续的方向发展。下面将深入探讨智能化应用如何多方面赋能物流运输,并分析其带来的深远影响。

**1. 优化运输规划与调度**

智能化应用的价值首先体现在优化运输规划与调度上。通过大数据分析和机器学习算法,企业能够实时获取交通状况、天气变化、车辆位置等多维度信息,从而精准预测运输需求,制定最优运输路线和调度方案。这种智能化的规划与调度不仅能有效减少空驶率,提高车辆利用率,还能显著降低运输成本,提升整体运输效率。

**2. 实现自动化仓储与分拣**

在仓储环节,自动化仓储系统利用先进的机器人技术、自动导引车和自动堆垛机等设备,实现了货物的快速入库、存储、分拣和出库。这不仅大幅提高了仓储作业的准确性和效率,还减少了人力成本,提升了仓库的整体管理水平。同时,智能仓储系统还能根据库存情况实时调整存储策略,优化库存结构,降低库存成本。

### 3. 提升运输安全与监管水平

智能化应用还显著提升了运输安全与监管水平。通过安装车载传感器、GPS定位系统和智能监控系统,企业能够实时监控车辆的运行状态、驾驶员行为以及货物安全情况。一旦发现异常情况,系统能够立即发出警报,并采取相应措施,有效预防事故的发生。此外,智能监控系统还能对运输过程进行全程记录,为事故调查和责任追溯提供有力依据。

### 4. 推动绿色物流发展

智能化应用还促进了绿色物流的发展。通过优化运输路线、提高车辆利用率和减少空驶率,智能化应用能够显著降低物流运输过程中的碳排放和能源消耗。同时,智能仓储系统通过精准控制库存和减少无效搬运,也能有效降低仓储环节的能耗和排放。此外,一些先进的物流机器人和自动化设备还采用了节能材料和环保技术,进一步推动了物流行业的绿色化发展。

### 5. 提升客户服务体验

智能化应用还显著提升了客户服务体验。通过智能客服系统和数据分析技术,企业能够实时了解客户需求和反馈,提供个性化的物流解决方案和增值服务。同时,智能跟踪和查询系统能够让客户随时掌握货物的运输状态和预计到达时间,提高了服务的透明度和可追溯性。这种智能化的客户服务模式不仅提升了客户满意度和忠诚度,还为企业赢得了更多的市场份额和竞争优势。

综上所述,智能化应用从多个方面深刻赋能物流运输行业,推动物流运输行业向更高效、更智能、更可持续的方向发展。未来,随着技术的不断进步和应用场景的不断拓展,智能化应用将在物流运输领域发挥更加重要的作用,为行业的持续发展和转型升级提供强大动力。

## 10.4.4　顺丰:借多种智能设备实现智能配送

顺丰作为国内领先的快递物流公司,一直致力于提高配送效率和服务质量。为了实现这一目标,顺丰不断引进和研发先进的智能设备,并将这些设备广泛应用于配送流程,从而实现了对配送流程的全方位优化。

在智能配送方面,顺丰充分利用物联网、大数据、人工智能等先进技术,推出了多种智能设备,如无人机、智能配送车、智能快递柜等。这些设备不仅提高了配送效率,还大幅提升了客户体验。

顺丰利用无人机实现了空中配送。无人机可以在复杂的地形和恶劣的天气条件下执行配送任务,有效解决了传统配送方式存在的弊端。此外,无人机还具有速度快、成本低、环保等优势,为顺丰赢得了更多的市场份额。

智能配送车是顺丰配送的一大亮点。这些车辆配备了先进的传感器和导航系统,可以在繁忙的城市道路上自主行驶,准确地将包裹送达目的地。智能配送车的应用,不仅减少了人力成本,还提高了配送的安全性和准确性。

除了智能配送车和无人机外,顺丰还积极推广使用智能手环、智能头盔等可穿戴设备。这些设备能够与顺丰的后台系统实时连接,让配送员在配送过程中随时了解包裹的状态、位置等信息。同时,这些设备还具备实时定位、紧急求助等功能,有效保障了配送员的人身安全。

值得一提的是,顺丰不仅在硬件设施上有所创新,在软件系统方面,顺丰自主研发了一套智能配送管理系统。该系统能够实时分析配送数据,优化配送路线,提高配送效率。这一系统的应用,使得顺丰的配送流程更加智能化、高效化。

顺丰运用多元智能设备引领智能配送的成功实践,不仅彰显了其在科技创新方面的实力,也为整个物流行业树立了新的标杆。未来,随着技术的不断进步和应用场景的拓展,顺丰将继续引领智能配送潮流,为客户提供更加优质、高效的物流服务。

# 11

## 第 11 章

## 平台建设加速数智化供应链落地

　　平台作为连接供应链各参与方的桥梁和纽带,可以实现信息共享和协同。通过平台,企业可以实时掌握供应链的运行状况,及时调整生产计划和物流安排,提高供应链的灵活性和响应速度。

# 11.1 搭建统一供应链平台的重要性

平台建设在数智化供应链构建中发挥着至关重要的作用。一个完善的平台能够为供应链各方提供统一的交互界面,实现信息实时共享和协同作业。通过平台建设,供应链上的参与者可以更加便捷地沟通、协调和决策,从而大幅提升供应链的响应速度和整体效率。

## 11.1.1 以平台整合多样的系统,提升效率

供应链平台为企业整合多样的系统提供了强大的工具,极大地提升了企业运营效率。

### 1. 采购系统

通过供应链平台,企业可以集中管理分散的采购需求,与众多供应商建立连接。以往企业需要分别与不同的原材料供应商进行沟通和交易,流程烦琐且效率低下。有了供应链平台后,企业可以在平台上发布采购需求,供应商进行竞价投标,企业能够快速筛选出最合适的供应商,不仅降低了采购成本,还大幅缩短了采购周期。

### 2. 生产系统

企业可以将生产计划、原材料供应、生产进度等信息在平台上共享,实现生产过程的协同管理。例如,汽车制造企业通过供应链平台与零部件供

应商紧密合作,确保零部件的及时供应,提高生产效率和产品质量。

### 3. 库存管理系统

供应链平台可以实时监控库存水平,实现库存的共享和调配。当一个地区的仓库库存不足时,平台可以迅速从其他地区的仓库调配货物。同时,通过对销售数据的分析,平台可以预测需求,帮助企业合理安排生产和库存,减少库存积压和浪费。

### 4. 物流系统

物流系统能够整合物流信息,实现货物的实时跟踪和配送路线优化。以电商行业为例,众多电商平台通过供应链平台整合物流服务商,消费者在下单后可以随时查看商品的物流状态。平台根据订单量和地理位置等因素,智能分配物流任务,选择最优的运输方式和路线,提高物流效率,同时降低运输成本。

## 11.1.2　预测市场变化,灵活调整供应

一个精心打造的供应链平台不仅是先进技术的结晶,更是企业智慧与战略眼光的体现。这样的平台不仅具备强大的数据处理能力,还具备敏锐的市场洞察力,为企业在激烈的市场竞争中稳固立足提供坚实的支撑。

完善的供应链平台能够帮助企业更加精准地把握市场需求。在数字化时代,数据已经成为企业决策的重要依据。通过收集和分析海量的市场数据,供应链平台能够为企业提供关于客户偏好、购买行为、市场趋势等方面的深入洞察。这些宝贵的信息不仅可以帮助企业及时调整产品策略,还能够指导企业开发符合市场需求的新产品和服务。

此外,供应链平台还能够通过数据分析预测市场变化。在快速变化的市场环境中,企业需要及时掌握市场动态,以便作出准确的决策。供应链平

台运用先进的数据分析技术,能够预测市场趋势,为企业提供前瞻性的决策支持。这不仅能够帮助企业抓住市场机遇,还能够有效地规避潜在的市场风险。

供应链平台可以实现企业与供应商、客户之间的信息共享,提高信息传递的及时性和准确性。企业可以根据市场需求及时调整生产计划和库存策略,降低库存积压和缺货风险。供应链平台还有助于企业实现资源的合理配置,提高资源利用率。在市场环境发生变化时,企业可以迅速调整资源投入,降低市场风险对自身经营的影响。

此外,供应链平台可以帮助企业识别和应对供应链中的潜在风险,提高供应链的抗风险能力。基于此,在面对突发事件或供应链波动时,企业可以保持稳定的生产和销售,降低损失。

供应链平台在预测市场变化和灵活调整供应方面发挥着至关重要的作用。通过打造一个完善的供应链平台,企业可以更好地了解市场需求,预测市场变化,并灵活调整供应策略。

# 11.2　选择合适的供应链平台

选择合适的供应链平台是企业运营中不可或缺的一环。通过明确需求和目标、全面评估与筛选以及考虑风险与收益的平衡,企业可以选出最合适的供应链平台,从而提高运营效率和市场竞争力、降低成本。同时,企业还需要关注供应链平台的发展趋势和创新点,以便及时调整和优化供应链战略,保持竞争优势。

### 11.2.1　中小企业：引入外部供应链平台

为了在激烈的竞争中立足并发展壮大,许多中小型企业积极引入外部供应链平台。外部供应链平台是一个集成采购、生产、销售、物流等多个环节的综合性服务平台,旨在帮助企业优化供应链管理,提高运营效率。这些平台通常拥有庞大的供应商网络、先进的物流系统和强大的数据分析能力,能够为企业提供一站式的供应链管理解决方案。

**1. 引入外部供应链平台的优势**

对中小企业而言,引入外部供应链平台具有以下优势:

(1)通过平台,企业可以更加便捷地找到合适的供应商,降低采购成本。

(2)平台中的物流系统可以帮助企业实现快速、准确的货物配送,提高客户满意度。

(3)外部供应链平台还能为企业提供数据支持,帮助企业更好地分析市场需求和竞争态势,制定更加精准的战略规划。

**2. 引入外部供应链平台的挑战**

企业引入外部供应链平台面临以下挑战:

(1)企业需要适应新的管理模式和流程,这可能需要投入大量的时间和精力。

(2)与平台合作可能涉及信息安全、隐私保护等问题,企业需要谨慎选择合作伙伴并签订保密协议。

(3)过度依赖外部供应链平台可能导致企业内部供应链管理能力被削弱,因此企业需要在利用平台的同时,提升自身的供应链管理能力。

**3. 中小企业要采取的措施**

为了充分发挥外部供应链平台的价值,中小企业需要采取一系列措施:

(1)企业需要明确自身的需求和目标,选择适合自己的供应链平台。

（2）企业需要与平台建立紧密的合作关系，共同制定合理的管理策略和流程。

（3）企业需要加强对平台的监督和管理，确保平台能够为自己提供优质的服务。

## 11.2.2　大型企业：自建个性化供应链平台

在日益激烈的商业竞争中，大型企业为保持其市场领先地位，不得不寻求更多的创新和差异化优势。供应链作为企业运营的关键支撑，对实现这一目标具有至关重要的作用。因此，越来越多的大型企业开始自建个性化供应链平台，以提升供应链管理的效率和灵活性，进而打造差异化竞争优势。

首先，自建个性化供应链平台能够帮助大型企业更好地掌握供应链的核心资源。在传统的供应链管理模式下，企业往往依赖于多个供应商和物流服务提供商来完成采购、生产和销售等环节，难以全面掌握供应链的核心资源，导致对供应链的控制力较弱。而通过自建个性化供应链平台，企业可以将供应商、生产商、物流商等各方资源整合到一个平台上，实现资源的集中管理和优化利用，从而提升对供应链的控制力。

其次，个性化供应链平台能够满足大型企业多样化的业务需求。不同的大型企业在产品类型、市场定位、销售渠道等方面往往存在较大的差异。因此，企业可以根据自身的业务特点和市场需求，定制符合自身需求的供应链解决方案，实现供应链的个性化和差异化。这不仅可以提高供应链管理的效率，还可以更好地满足客户的需求，提升企业的市场竞争力。

在未来的发展中，构建个性化供应链平台将成为越来越多大型企业优化供应链管理、提升市场竞争力的重要手段。同时，随着技术的不断发展和进步,个性化供应链平台将更加智能化、高效化和灵活化,为企业创造更大的价值。

### 11. 2. 3　菜鸟:搭建完善的供应链平台

作为全球领先的电商平台之一,菜鸟深知供应链管理对其业务发展的重要性。菜鸟打造了完善的供应链平台,以便为商家和消费者提供更加便捷、高效的物流服务。

菜鸟供应链平台主要由数据层、服务层、应用层和接口层四部分组成,每一层都承载着不同的功能和职责,共同支撑整个平台的稳定运行。

数据层是菜鸟供应链平台的基石,负责存储和处理与供应链相关的各类数据,如订单信息、库存状态、物流轨迹等。

服务层是菜鸟供应链平台的核心引擎,提供订单处理、库存管理、物流调度等核心服务,实现供应链的高效运作。

应用层是菜鸟供应链平台与用户之间的桥梁,提供了直观、易用的操作界面。通过应用层,用户可以方便地查询订单状态、库存情况、物流轨迹等信息,实时掌握供应链的动态。

接口层为菜鸟供应链平台与其他系统或服务之间的交互提供接口,实现了平台与外部系统的无缝连接。

菜鸟在供应链管理方面有着独特的优势,其供应链平台具有以下三个特色:

(1)智能化管理。菜鸟利用大数据、云计算等先进技术,实现了对供应链的智能化管理。其供应链平台可以实时分析供应链数据,提供精准的决策支持。

(2)协同化运作。菜鸟的供应链平台实现了各环节之间的协同化运作。

平台不仅连接了菜鸟自身的物流网络,还广泛接入了合作伙伴的资源,如快递公司、仓储企业、海关等,形成了一个高度集成的供应链网络。通过数字化工具和平台,企业可以实时共享信息,快速响应市场变化,实现供应链上下游的高效协同作业,缩短交货周期,提升客户满意度。

(3)多元化服务。菜鸟的供应链平台提供了丰富的物流服务,包括仓储、配送、跨境物流等。这些服务可以满足不同商家的多样化需求,提高供应链的整体竞争力。

通过供应链平台,菜鸟成功实现了对供应链的全面优化。一方面,供应链平台的实时信息共享和智能化决策支持功能帮助菜鸟提高了物流效率和准确性,降低了运营成本;另一方面,供应链平台的协同优化和风险管理功能有助于提升整个供应链的稳定性和抗风险能力。

# 11.3　掌握合适的数智化供应链落地方式

掌握合适的数智化供应链落地方式,不仅关乎供应链转型成功与否,更直接影响到企业的长远发展。本节将深入探讨两种行之有效的落地策略:由点及面、小步快跑。这两种策略相辅相成,旨在帮助企业稳步前行,在数智化的道路上不断突破,最终实现供应链的全面升级与智能化转型。

## 11.3.1　由点及面:核心场景落地后逐渐扩展

数智化供应链的落地,首先需要选取合适的核心场景。核心场景通常是企业供应链中的关键环节,如库存管理、订单处理、物流配送、销售预测等。这些环节不仅数据量大、流程复杂,而且直接关系到企业的运营效率和客户满意度。

在核心场景的选择上,企业需要根据自身的业务特点、市场需求和竞争态势等因素进行综合考虑。同时,企业还需要对所选场景进行深入的调研和分析,明确具体的落地路径。

一旦确定了核心场景,企业便可以着手在核心场景落地数智化供应链。在落地过程中,企业可以通过收集和分析运行数据,发现潜在的问题和改进点,不断迭代和优化数智化工具和系统。同时,企业还需要关注市场和技术的发展趋势,及时调整策略,确保供应链的核心竞争力。

数智化供应链在核心场景成功落地后,企业便可以逐步向外拓展,将其应用到更多的业务领域。这种由点及面的策略,有利于企业在实践中不断积累经验,逐步完善数智化供应链体系。

在拓展过程中,企业需要注意业务之间的协同和整合。通过跨部门、跨领域的合作与沟通,确保数智化供应链在不同业务场景中顺畅运行。同时,企业还需要关注数智化技术的更新迭代,及时引入新技术、新模式,不断提升数智化供应链的竞争力。

在拓展过程中,企业要注重保持供应链的协调性和稳定性。一方面,企业要确保新引入的数智化技术与现有系统兼容,避免出现信息孤岛和数据不一致等问题;另一方面,企业要关注供应链各环节的协同作用,确保数智化技术的应用能够提升供应链的整体效率和竞争力。

## 11.3.2　小步快跑:推进供应链持续迭代

在当今快速变化的市场环境中,供应链的灵活性和迭代速度已成为决定企业竞争力的关键因素。为了应对这一挑战,许多企业开始采用小步快跑策略,即不断推动供应链进行细微但持续的改进,从而实现更高的效率和客户满意度。

　　小步快跑的核心是持续改进。通过不断观察和分析供应链的运作情况，企业能够及时发现潜在问题和瓶颈，并快速采取措施进行调整。这种迭代式的改进方式不仅有助于减少错误和浪费，还能使供应链更加适应市场的快速变化。

　　实施小步快跑策略的关键在于建立一种持续改进的文化。企业需要鼓励员工积极参与改进过程，提出创新性的想法和解决方案。同时，企业还需要建立有效的反馈机制，以便及时收集和分析来自客户和市场的反馈信息，并将其纳入改进计划。

　　在推动供应链持续改进的过程中，企业可以借助一系列工具和技术来提升效率和灵活性。例如，利用先进的分析工具和算法，企业可以更准确地预测市场需求，从而优化库存管理和生产计划。此外，物联网、人工智能和区块链等技术也可以帮助企业实现供应链的透明化和智能化，提高供应链的响应速度和准确性。

　　当然，实施小步快跑策略并非易事。企业需要克服许多挑战，如员工抵触心理、资源限制和变革管理难题等。为了克服这些挑战，企业需要制订详细的实施计划，明确改进目标和时间表，并建立激励机制来鼓励员工参与改进过程。同时，企业还需要持续监控和改进实施效果，确保改进计划能够持续发挥作用。

# 12

## 第 12 章

## 数据治理赋能供应链平台建设

在供应链平台建设方面,数据治理起着重要的赋能作用。通过有效整合、管理和利用数据资源,企业能够更好地洞察市场变化,优化供应链流程,提升运营效率,从而在激烈的市场竞争中脱颖而出。

# 12.1　供应链数据治理核心内容

数据治理是一个复杂的过程,涉及多个环节、多个参与者和大量的数据交互。数据治理是数智化管理的基础,有效的数据治理不仅能够提升企业的运营效率,还能够增强企业的竞争力和市场适应性。供应链数据治理的核心内容包括数据质量管理、数据安全防护、数据流程明确和数据开发利用。

## 12.1.1　数据质量管理:保证数据准确、可靠

供应链数据质量管理是保障供应链高效运作和精准决策的关键环节,对企业的发展至关重要。供应链数据质量管理涉及对供应链中各类数据的严格管理和控制,以保障数据的可靠性和有效性。

首先,数据质量对企业发展具有重要意义。高质量的数据能够为企业提供精准的市场洞察,助力企业精准把握市场动态,制定科学合理的战略决策。如果数据质量不佳,将导致战略规划、生产计划、库存管理等出现偏差,进而影响企业的整体运作效率和市场竞争力。因此,确保数据质量是企业稳健运营和持续发展的基础。

其次,数据质量对于企业的声誉及客户满意度具有重要影响。如果供应链中的数据存在错误或不一致,可能会引发订单延误、产品质量问题等一系列后果,进而损害客户对企业的信任度和满意度。因此,数据质量管理不

仅是企业稳健运营的关键,更是企业合规经营、维护声誉的基础。

为了实现有效的供应链数据质量管理,企业需要采取一系列策略,如图 12.1 所示。

图 12.1　数据质量管理的有效策略

**1. 建立数据治理体系**

建立数据治理体系是实现供应链数据质量管理的基础。企业需要制定数据管理制度和规范,明确数据的采集、存储、处理、分析和使用等流程。同时,还需要设立专门的数据治理机构或岗位,负责数据质量的监控和持续改进。

**2. 加强数据源管理**

企业需要加强对数据源的管理,确保数据的准确性和可靠性。具体措施包括:对数据源进行严格的审核和评估,选择信誉良好的数据源;建立数据源监控机制,及时发现和处理数据异常;定期对数据源进行更新和维护,确保数据的时效性和准确性。

**3. 实施数据清洗和转换**

在供应链数据采集和处理过程中,难免会出现数据错误、重复、缺失等问题。因此,企业需要实施数据清洗和转换策略,对数据进行预处理和加工。这包括去除重复数据、填补缺失数据、纠正错误数据等,以确保数据的准确性和一致性。

**4. 建立数据质量监控机制**

建立数据质量监控机制是实现供应链数据质量管理的关键。企业需要制定数据质量监控指标和阈值,对数据的准确性、完整性、一致性等方面进行实时监控。同时,还需要建立数据质量预警和报告机制,及时发现和处理数据质量问题。

**5. 推动数据文化建设**

数据文化是企业文化的重要组成部分。企业需要积极推动数据文化建设,提高员工对数据质量的重视和认识。具体措施包括:开展数据质量培训和宣传活动,提升员工的数据素养;建立数据质量激励机制,鼓励员工积极参与数据质量管理工作;将数据质量纳入企业绩效考核体系,强化数据质量管理的责任意识和执行力。

**6. 加强跨部门协同**

供应链数据质量管理涉及多个部门和业务流程。因此,企业需要加强跨部门协同,确保各部门在数据质量管理方面的协同一致。具体措施包括:建立跨部门数据质量沟通机制,定期召开数据质量会议;明确各部门在数据质量管理中的职责和分工;加强跨部门数据共享和整合,提升数据质量管理的整体效能。

## 12.1.2　数据安全防护:数据加密与数据访问控制

在现代企业的生产经营活动中,各环节之间的信息共享变得至关重要。然而,这也使得供应链管理中的数据安全问题更加凸显。为了有效保护供应链数据的安全,确保供应链的稳定运行,企业需要采取数据加密、数据访问控制等防护措施。

数据加密是一种保护数据在传输和存储过程中不被未经授权的第三方访问或窃取的有效手段。采用强加密算法,可以确保数据的机密性,即使数据在传输过程中被截获或在存储过程中被非法访问,攻击者也难以解密和获取敏感信息。

此外,数据访问控制是另一种重要的数据安全防护措施。实施访问控制策略,能有效确保特定数据仅被授权人员或系统访问。这可以通过设置权限、角色和访问控制列表等方式实现,以确保数据的合法性和合规性。

亚马逊的供应链数据安全防护措施堪称典范。亚马逊深知数据安全对于供应链管理的重要性,因此采取了一系列严格的安全防护措施来保护其供应链数据。

首先,亚马逊采用了强大的数据加密技术。它使用安全套接层(secure socket layer,SSL)/传输层安全性协议(transport layer security,TLS)对数据进行加密传输,确保数据在传输过程中的机密性和完整性。同时,亚马逊还采用 AES 256 加密算法对存储在数据库中的数据进行加密,以防止未经授权的访问和数据泄露。

其次,亚马逊实施了严格的数据访问控制措施。它采用基于角色的访问控制模型,确保只有授权人员才能访问相关数据。亚马逊还对员工进行严格的身份验证,如密码、指纹、面部识别等多因素认证,以确保只有经过验证的用户才能访问数据。此外,亚马逊还记录所有数据访问事件,以便进行审计和监控。

除了数据加密和访问控制外,亚马逊还采取了其他安全防护措施。它部署了防火墙、入侵检测系统和入侵预防系统,以防止外部攻击和内部威胁。亚马逊还定期更新安全补丁和软件版本,以防止已知漏洞被利用。此外,亚马逊还对员工进行数据安全培训,使他们了解数据安全的重要性,以及如何正确处理和保护数据。

亚马逊还重视数据备份和恢复工作。它定期备份数据,并确保备份数据的安全性。同时,亚马逊还制订了灾难恢复计划,以便在数据丢失或系统故障时能够迅速恢复数据和业务操作。通过这些措施,亚马逊成功地保护了其供应链数据的安全,确保了供应链的稳定运行。

综上所述,企业在进行供应链数据治理时,应注重数据安全防护,采取多种措施来确保数据的机密性、完整性和可用性。

### 12.1.3  数据流程明确:梳理数据流程,实现数据可追溯

数据流程指的是数据采集、输入、处理、加工和输出的全过程。这是一个涵盖数据生命周期的综合性概念,强调数据在各个阶段中的流动和转换。

在供应链数据治理中,明确数据流程并实现数据可追溯是确保数据质量、提升决策效率与供应链稳定性的关键。具体来说,数据流程管理包括四个步骤,如图12.2所示。

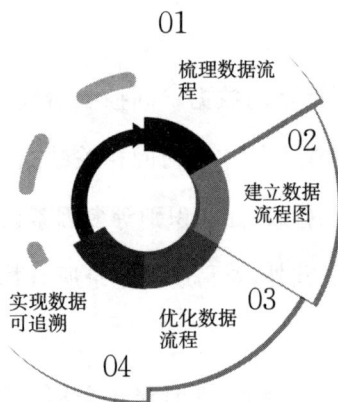

图 12.2  数据流程管理的步骤

**1. 梳理数据流程**

企业需要从源头出发,对整个供应链中的数据进行全面的梳理和分析,了解数据的来源(如内部系统、外部系统)、流向(包括各环节的输入输出、传输协议及时间戳)和使用情况(如在库存管理、风险分析等方面的应用)。

**2. 建立数据流程图**

在梳理数据流程的基础上,企业可以绘制数据流程图,将数据流程可视化。数据流程图可以清晰地展示数据的来源、去向、处理方式等信息,有助于企业发现数据流程中的问题和瓶颈。

**3. 优化数据流程**

根据数据流程图,企业可以对数据流程进行优化。比如,减少不必要的数据处理环节、提高数据传输效率、优化数据存储方式等。这有助于企业提高数据处理速度和准确性,降低数据出错的概率。

**4. 实现数据可追溯**

通过明确数据流程,企业可以建立数据追溯机制。这意味着可以追溯到数据的来源和去向,以及数据在各个环节中的应用情况。这有助于企业发现数据异常和问题,及时进行处理和纠正,确保数据的准确性和可靠性。

总之,明确数据流程是供应链数据治理的重要环节之一,可以提高数据的可靠性和准确性,为供应链的稳定运行提供有力保障。

## 12.1.4　数据开发利用:挖掘数据价值,支持供应链决策

在信息爆炸的时代,数据已成为企业最宝贵的资产之一。有效地开发利用数据,深入挖掘其内在价值,不仅能够为企业带来前所未有的洞察力和竞争优势,更是支撑供应链决策智能化、精准化的关键所在。

**1. 构建完善的数据收集体系**

从原材料采购、生产制造、仓储物流到销售,每一个环节都产生大量的

数据。借助传感器、物联网等技术手段，企业可以实时采集货物的位置、状态、温度等信息；在生产线上安装监控设备，记录生产进度和质量数据；在销售环节收集客户需求、市场趋势等数据。只有全面、准确地收集数据，才能为后续的数据价值挖掘奠定基础。

**2. 深入数据分析，挖掘数据价值**

收集到数据后，企业需要进行深入分析和挖掘，以提炼出有价值的信息。这要求企业运用大数据分析技术和工具，如数据挖掘、机器学习等，对海量数据进行处理和分析。例如，通过分析历史销售数据和市场趋势，企业可以预测未来需求，合理安排生产计划；通过对物流数据的分析，可以优化运输路线，降低运输成本；通过分析供应商的交货时间、质量等数据，评估供应商的表现，选择更可靠的合作伙伴。

**3. 建立数据可视化平台，提升决策效率**

数据可视化平台可以将复杂的数据以图表、仪表盘等形式展示出来，企业可以迅速掌握库存水平、订单处理进度、物流配送状态等关键指标。这有助于企业管理层及时发现问题并采取相应的应对措施，提高决策的时效性和准确性。同时，数据可视化还能促进跨部门的沟通和协作，提升整体运营效率。

以某电子产品制造企业为例，该企业通过建立供应链数据平台，对采购、生产、物流和销售等环节的数据进行整合分析。通过对历史销售数据的挖掘，准确预测市场需求的增长趋势，提前调整生产计划，增加热门产品的产量。同时，通过分析物流数据，发现一些运输路线存在效率低下的问题，经过优化后，运输效率提升了15%。此外，通过对供应商数据的评估，淘汰了一些表现不佳的供应商，与优质供应商建立了更紧密的合作关系，提高了原材料质量和供应稳定性。

## 12.2　数据治理核心手段

在供应链数据治理中,确保数据的质量、安全性和合规性是核心任务。企业可以通过建设数据湖、搭建开放数据平台、搭建完善的数据治理体系等方式,进行有效的数据治理,充分挖掘数据的价值,支持供应链决策。

### 12.2.1　建设数据湖,实现企业数据一体化管理

为了更好地利用数据,实现业务洞察和决策优化,越来越多的企业开始考虑建设数据湖。企业建设数据湖,不仅可以实现数据集中存储和一体化管理,更能通过深度挖掘数据价值,为供应链优化与创新提供强有力的支持。

#### 1. 数据湖的优势

数据湖是一个集中式的数据存储仓库,其具备强大的容纳能力,能够无缝集成并妥善存储供应链各个环节产生的数据。这些数据经过清洗、整合和标准化后,形成一个统一的数据视图,为企业决策提供了全面、准确的信息支持。

数据湖具有灵活性和可扩展性的优势。传统的数据仓库往往存在数据更新周期长、结构固定等问题,难以满足企业快速变化的业务需求。而数据湖则采用分布式存储技术,且支持各种数据类型和格式,使得企业可以根据业务需求灵活地进行数据存储和查询。

此外,数据湖还具备强大的数据分析能力。通过建设数据湖,企业可以对供应链数据进行深入挖掘和分析,发现数据之间的关联和规律,为供应链

的优化和预测提供科学依据。例如,通过对历史销售数据的分析,企业可以预测未来的需求趋势,从而提前调整生产计划和库存策略,降低库存积压和缺货风险。

**2. 数据湖的建设**

那么,企业应该如何建设数据湖呢?

(1)企业要明确建设目标。确定数据湖将用于哪些业务场景,如供应链优化、市场分析等,以便有针对性地收集和存储数据。

(2)规划数据湖的架构。根据数据类型和规模,选择合适的数据存储方案,如分布式文件系统、数据仓库等;规划数据接入方式,如批量导入、实时流处理等,并设计数据整合流程,确保数据的一致性和准确性;建立数据质量、元数据管理、数据生命周期管理等机制,确保数据的合规性和可用性。

(3)建设数据湖。企业需要选择合适的技术平台,如 Hadoop、Spark 等,搭建数据湖的基础设施;开发或购买适用于数据湖的数据接入和整合工具,实现数据自动化接入和整合;构建数据分析平台,支持各种数据分析任务,如查询、数据挖掘等。

为了保障数据安全,企业还要建立严格的访问控制机制,根据不同用户的角色和需求,设置相应的权限,防止数据泄露和滥用;对敏感数据进行加密存储和传输,防止数据泄露;记录数据的访问和操作日志,以便及时发现和解决数据安全问题。

## 12.2.2 搭建开放数据平台,实现数据连接与共享

搭建开放的数据平台,实现数据连接与共享是企业进行数据治理的关键一步。搭建开放数据平台的关键步骤如下:

**1. 明确目标和需求**

为确保数据平台的开放性和有效性,企业的首要任务是清晰界定数据

共享的目标与需求。这涵盖了数据共享的范围、对象、方式以及目的等多个方面。通过明确这些要素，企业能够更为精准地规划平台的架构、功能以及技术选型，从而确保平台的稳定运行和自身实际需求的满足。

### 2. 选择合适的技术和工具

企业需要根据目标和需求，选择合适的搭建数据平台的技术和工具。这可能包括云计算、大数据、数据集成等技术。在选择时，企业应充分考虑技术的成熟度、兼容性、可扩展性以及成本效益等因素，以确保所选技术与工具适用且具有经济性。

### 3. 设计数据平台构架

设计数据平台的整体构架，包括数据存储、数据处理、数据传输、数据访问等方面。企业应确保数据平台能够高效地处理各种类型的数据，支持多种访问方式，并具有高度的可扩展性和安全性。

### 4. 整合和清洗数据

通过运用数据集成工具，企业可以将不同部门、不同系统的数据整合到平台上，并进行数据清洗和标准化处理，确保数据的一致性和准确性。

### 5. 建立数据共享机制

企业需要清晰界定哪些数据可以共享、谁有权访问和使用这些数据，避免因权限不清而导致数据滥用或泄露。通过制定严格的数据访问规则，确保只有经过授权的人员才能获取特定的数据。共享的数据必须准确、完整和可靠，企业可以设立数据质量监测岗位，定期对共享数据进行审核和校验，及时发现并纠正数据中的错误。

### 6. 确保供应链数据安全

在搭建数据平台的过程中，数据安全是一个不可忽视的重要方面。企业应建立完善的供应链数据安全管理机制，包括数据权限控制、数据加密措施等多个方面。同时,还需定期对平台进行安全评估和漏洞扫描,以及时发现并解决潜在的安全隐患,确保平台的安全性。

通过采取以上步骤,企业可以搭建一个开放的供应链数据平台,实现数据的有效连接和共享。这将有助于企业充分挖掘数据价值,促进业务创新和发展。

### 12.2.3 建立完善的供应链数据治理体系

完善的供应链数据治理体系能够确保供应链数据的有效性、安全性和一致性,从而提升供应链数据的价值,为企业决策、业务创新和价值创造提供坚实支撑。

企业可以从以下四个方面建立完善的供应链数据治理体系:

**1. 确立供应链数据质量原则和管控方法**

数据质量管理是数据治理的核心。企业应制定明确的数据质量原则,如图 12.3 所示。为实现这些原则,企业需要构建一套供应链数据质量管控方法,包括数据校验、数据清洗、数据审计等,确保数据质量得到有效控制。

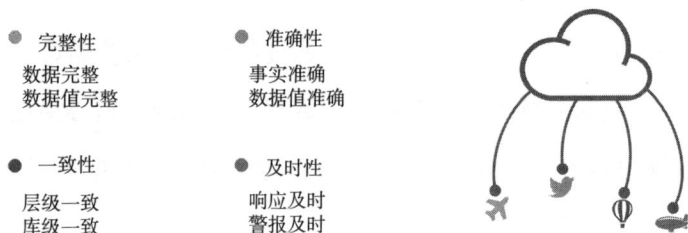

图 12.3 供应链数据质量原则

(1)完整性。对供应链数据的各项记录和信息进行全面审查,确认是否存在遗漏或缺失的情况,以确保数据的完整性和可靠性。

（2）准确性。对数据和信息进行细致审查，以判断是否存在异常或错误。

（3）一致性。确保数据的层级一致、库级一致。

（4）及时性。提升数据产出效率，确保信息的实时性和即时性；建立预警机制，以便在关键指标出现异常或潜在风险时，能够迅速反应和决策。

**2. 制定供应链数据规范与管理制度**

企业应制定详细的供应链数据规范，如数据命名规则、数据库存储格式、数据访问权限等，以确保数据的规范性和一致性。同时，企业应建立数据管理制度，明确数据的管理流程、责任分工和违规处理措施，为数据治理提供制度保障。

**3. 设计并实施供应链数据目录与元数据管理系统**

供应链数据目录与元数据管理系统是实现数据治理的重要工具。企业应设计并实施供应链数据目录，实现数据的统一登记、分类和检索。同时，企业应建立元数据管理系统，记录数据的来源、结构、关联等信息，为数据治理提供全面、准确的数据视图。

**4. 构建供应链数据安全与隐私保护机制**

数据安全是数据治理的重要组成部分。企业应建立完善的供应链数据安全机制，包括数据加密、访问控制、安全审计等，确保数据不被非法访问和泄露。同时，企业应关注供应链数据隐私保护，遵循相关法律法规，保护用户隐私安全。

总之，搭建完善的供应链数据治理体系是一项复杂而重要的任务。企业需要明确目标、科学规划，并持续投入资源和精力，以确保数据治理工作顺利推进和取得实效。

## 12.3  引入合适的数据治理解决方案

随着数据量不断增加,如何有效管理和利用这些数据已成为企业面临的重要挑战。在此背景下,引入合适的数据治理解决方案成为企业打造数智化供应链过程中不可或缺的一环。

### 12.3.1  阿里云:一站式数据开发治理服务

数据治理一直是许多企业面临的挑战。为了解决这一问题,阿里云推出了一站式数据开发治理服务平台 DataWorks(数据工场),为企业提供全面、高效的数据治理解决方案。DataWorks 平台也是阿里巴巴集团进行数据分析、数据开发和数据治理的重要阵地。

DataWorks 平台融合了大数据引擎、数据治理、数据开发、数据服务等多个模块,形成了一套完整的数据治理解决方案。

**1. 大数据引擎**

基于阿里云 MaxCompute、EMR、CDP 等大数据引擎,DataWorks 提供强大的数据存储、处理和分析能力。这些引擎支持 PB(拍字节)级数据存储、高效的数据查询和复杂的计算任务,为数据仓库、数据湖等解决方案提供坚实的技术基础。

**2. 数据治理**

通过数据标准、数据质量、元数据管理等功能,DataWorks 确保数据的合规性、一致性和可用性。DataWorks 提供了一套完善的数据治理框架,帮助企业实现数据的全生命周期管理,包括数据定义、数据清洗、数据转换、数据校验等关键环节。

### 3. 数据开发

DataWorks 提供丰富的数据开发工具和平台,支持 SQL、Python 等多种编程语言,简化数据开发流程,提高开发效率。DataWorks 平台集成了数据开发、数据集成、数据调度等功能,支持多种数据源接入和数据处理任务,满足企业多样化的数据开发需求。

### 4. 数据服务

通过 API 管理、数据发布等功能,DataWorks 将数据以标准化的方式提供给数据应用和数据消费者;支持数据的实时查询、批量下载、数据订阅等多种方式,方便企业快速构建数据应用和数据产品。

阿里云 DataWorks 平台已经在很多场景落地应用。例如,在零售电商领域,通过 DataWorks 平台,零售电商企业可以对会员、商品、交易等数据进行深入分析,计算出商品交易总额(gross merchandise volume,GMV)、会员数等指标,为业务决策提供数据支持。同时,平台还支持电商场景的漏斗模型分析,计算各环节的转化率,帮助企业优化营销策略。

在金融领域,DataWorks 平台能够帮助金融企业建立统一的数据模型标准和规范,加快数字化建设进展。通过 DataWorks 平台,企业可以对存款产品、借贷产品、贷款放款等数据进行深入分析,提高风险管理水平,优化业务流程。

总之,阿里云的一站式数据开发治理服务为企业提供了一套完整的数据治理解决方案,帮助企业更好地管理和利用数据资源,提升业务竞争力和创新能力。

## 12.3.2　英诺森:提供物资主数据治理解决方案

在传统的供应链数据治理中,物资主数据在业务场景中的应用往往被忽视。由于缺乏智能化工具的支持,物资数据标准难以落地实施,物资数据治理工作不得不依赖大量的人力物力资源。随着业务不断扩展,新产生的物资数据难以维持之前数据治理的过程和结果,导致数据治理的效果难以长期保持。

针对以上问题,企业应用解决方案提供商英诺森提供了以下解决方案:

**1. 构建系统化、结构化的物资主数据知识模型**

物资主数据建设的核心目标在于通过统一的物资标识,确保供应链各环节之间的顺畅衔接与高效协同。物资主数据并非孤立存在,企业除了要对物资传统基础属性进行管理外,还需对物资涉及的其他业务数据进行系统性的归纳与总结,以便实现主数据的高效识别与应用。

英诺森建立起一套全面而系统化的物资主数据知识模型。该模型能够协助企业构建物资主数据知识体系,确保数据清晰、完整,为之后的数据清洗工作奠定坚实基础。

**2. 采用基于 ETL 的多数据源采集工具提升数据采集效率**

在构建物资主数据知识体系时,企业需要从多个业务系统中提取数据,并进行清洗处理。传统的主数据采集方法是从各业务系统中导出数据,然后将其放到对应的模板中进行合并和归纳。然而,这种方法存在效率低下、工作量大以及准确性不高等问题。

为了有效解决上述问题,英诺森将其自主研发的 Supply Chain ONE 数据采集工具与 ETL 工具紧密结合,成功开发出具备多样化交互方式、精细颗粒度以及灵活同步频次的数据抽取功能,支持 20 多种主流数据平台、数据源以及文件数据集。

**3. 采用 AI 机器学习提升物资数据清洗效率**

数据清洗在数据治理中占据至关重要的地位,其具有细致、复杂的特点。传统的软件工具主要依赖于关系型数据库进行数据识别、关联和纠错。然而,这些工具在实际应用中暴露出诸多不足。具体来说,操作过程烦琐,清洗质量难以保证,且效率低下,难以满足大型企业对大规模物资数据清洗的需求。

英诺森 Supply Chain ONE 物资主数据智能清洗工具基于对不同品类特性分类信息的深入理解,利用近千万条物资数据进行训练,构建了一个精确且适应性强的物资主数据模型。该模型能够智能地拆分物资名称,同时自动纠正错误,从而极大地提升了物资数据处理的准确性和效率。

综上所述,英诺森物资主数据治理解决方案致力于从源头上优化业务数据质量,为企业构建数智化供应链奠定坚实可靠的基础。